BERN

Gestern und heute
aus dem gleichen Blickwinkel

BERN

Gestern und heute
aus dem gleichen Blickwinkel

Texte:
Franz Auf der Maur

Fotos:
Robert Hofer und Nicolas Crispini

SLATKINE VERLAG GENF 1989

Inhaltsverzeichnis

Vorwort

Es muss kurz nach 1950 gewesen sein. Damals war ich im Kindergartenalter und unternahm mit meinem Grossvater, Jahrgang 1877, ausgedehnte Spaziergänge durch Bern. Solche Touren endeten jeweils in einer Gartenwirtschaft. Und während der alte Mann sein Bier genoss, erzählte er mir von früher. Wie das erste Tram als Sensation gegolten habe; wie man sich auf den Strassen nicht vor den Autos, sondern vor Kutschen und Pferdefuhrwerken habe in acht nehmen müssen; wie neue Grossbrücken über die Aare entstanden seien und zum Aufschwung der Aussenquartiere beigetragen hätten... Mit offenem Mund sass ich vor meinem Sirup und versuchte mir Bern am Ende des letzten Jahrhunderts vorzustellen. Es wollte mir nicht so recht gelingen. Seither habe ich selber erlebt, welchen Wandel meine Heimatstadt in wenigen Jahrzehnten durchmachte. Und nun verstehe ich auch, warum mein Grossvater stets etwas betrübt wirkte, wenn er von der «guten alten Zeit» erzählte.

An meine ersten Entdeckungsgänge durch Bern musste ich immer wieder denken, als ich beim Vorbereiten des Textes zu diesem Buch die mehr als 50 Bildpaare studierte. In all den vielen Bern-Büchern mit historischen Aufnahmen fand ich nichts so Faszinierendes: Vergangeheit und Gegenwart vom genau gleichen Standort aus aufgenommen und mit dem genau gleichen Blickwinkel betrachtet. Auf diese Weise kann man Zentimeter um Zentimeter vergleichen, was sich gewandelt hat und was unverändert geblieben ist. Der Spass an diesem Spiel soll hier nicht mit langen theoretischen Erläuterungen verdorben werden. Zur Technik also bloss soviel, dass die beiden Fotografen Robert Hofer und Nicolas Crispini für ihre aktuellen Aufnahmen eine Grossformat-Kamera verwendeten, die genau den Apparaten ihrer Kollegen aus dem letzten Jahrhundert entspricht.

Die ältesten Aufnahmen von Bern stammen aus der Zeit um 1860. Damals wurde gerade der Hauptbahnhof eröffnet. Wenig später fiel auf dem Bahnhofplatz der Christoffelturm — zusammen mit Zeitglockenturm und Käfigturm ein Zeuge mittelalterlicher Stadtbefestigung — dem Abbruchwahn zum Opfer: ein nicht mehr wiedergutzumachender Verlust.

Doch nicht bloss niedergerissen wurde in jenen Jahren. Bern erlebte den Bau des Bundeshauses, die Aufstockung des Münsterturmes sowie die Errichtung von Kirchenfeldbrücke und Kornhausbrücke — zweier kühner Eisenkonstruktionen, die weitherum Bewunderung erregten. Rasch wuchsen nun auch die Aussenquartiere aus dem Boden: Die zunehmende Bevölkerung sorgte dafür, dass sich Bern von der historischen Kernstadt zur modernen Agglomeration entwickelte.

Alle diese Veränderungen sind durch die historischen Aufnahmen bestens dokumentiert — und die entsprechenden modernen Fotografien zeigen, wie die Entwicklung bis zum heutigen Tag weiterverlaufen ist.

Franz Auf der Maur

Quellen

Fast unübersehbar ist die Literatur über Bern. Neben Schriften, die vor allem Einzelaspekte beleuchten, gibt es eine Anzahl zusammenfassender Werke. Hier eine Auflistung der zur Hauptsache benutzten Quellen; alle sind in Bern erschienen.

Auf der Maur, Franz: Bern, ein Führer durch die Bundesstadt. 1986.

Bernische Gesellschaft zur Pflege des Stadt- und Landschaftsbildes: Bern gestern, heute, morgen. 1987.

Biland, Anne-Marie: Bern im Wandel. 1986.

Freudiger, Hans: Die Wohnhäuser Berns. Berner Zeitschrift für Geschichte und Heimatkunde, 1942, Heft 1.

Hofer, Paul: Bern, die Stadt als Monument. 1951.

Hofer, Paul: Das Berner Stadtbild im Wandel der Jahrhunderte. 1941.

Menz, Cäsar; Weber, Berchtold: Bern im Bild 1680-1880. 1981.

Schmocker, Erdmann; Weber, Berchtold: Altes Bern — Neues Bern. 1979.

Schwengeler, Arnold H.: Liebes altes Bern. Stadtbilder 1850-1925. 1975.

Stettler, Michael: Eingriffe ins Berner Stadtbild seit hundert Jahren. Berner Zeitschrift für Geschichte und Heimatkunde, 1946, Heft 1.

Türler, Heinrich: Bern, Bilder aus Vergangeheit und Gegenwart. 1984 als Reprint der Ausgabe von 1900.

Weber, Berchtold: Historisch-topographisches Lexikon der Stadt Bern. 1976.

Wyss, Fritz: Bern, eine kleine Stadtgeographie. 1943.

Dank:

Fotografen, Autor und Verlag möchten allen Stellen und Personen danken, die durch Überlassen von Bildmaterial, Hilfe bei den Aufnahmen oder Auskünften zum Gelingen dieses Werkes beigetragen haben. Ein spezielles Merci in guter Berner Manier gebührt den Archivarinnen und Archivaren der Berner Burgerbibliothek, der Landesbibliothek, des Bernischen Historischen Museums und der Städtischen Denkmalpflege sowie den Herren Privatarchivaren Paul Loeliger und Urs Selhofer.

Als das Murtentor die Stadt im Westen abschloss

Von drei Seiten ist Bern durch die Aare umflossen und dergestalt geschützt. Nur im Westen bleibt die Halbinsel auf dem Landweg zugänglich: Hier mussten früher Befestigungsanlagen ungebetenen Gästen den Zutitt verwehren. Bis 1881 bewachte das Murtentor den westlichen Eingang zur Stadt.

Das obere Bild zeigt die Situation kurz vor Entfernung des Murtentores. Im Vordergrund führt ein Damm über den einstigen Stadtgraben. Weil hier im 16. Jahrhundert Hirsche gehalten wurden, heisst er in seinem nach Süden (nach rechts auf dem Bild) führenden Abschnitt bis zum heutigen Tag Hirschengraben. Das Tor selber besteht aus drehbaren Eisengittern mit einem Wachthäuschen auf der Nordseite. Zwei metallene Bären als Wappentiere der Stadt heissen die Besucher willkommen.

Bis 1806 sah das Murtentor noch wesentlich wehrhafter aus. Es war ein massiver Torturm, vergleichbar dem Käfigturm oder dem Zeitglockenturm. Die 1626 fertiggestellte Anlage befand sich aber in einem baufälligen Zustand und wurde daher nach einem Beschluss der Stadtregierung abgebrochen.

Während moderne Geschäftshäuser und Verkehrsachsen die Idylle am Murtentor abgelöst haben, sind zwei bedeutende Bauten aus dem 18. Jahrhundert erhalten geblieben: das Burgerspital, auf beiden Fotos in der Bildmitte zu erkennen, sowie die Heiliggeistkirche am Bahnhofplatz im Hintergrund. Das Burgerspital, fertiggestellt 1742, weckte die Bewunderung von Reisenden, welche die Fürsorge der Bernburger zu loben wussten. So schrieb Professor Meiners aus Göttingen in seinen «Briefen über die Schweiz»: «Nur wenige Fürsten in Europa wohnen so schön als die armen, alten und unvermögenden Personen aus burgerlichen Familien, deren 50 in diesem Spital frey unterhalten werden.»

Die Heiliggeistkirche gilt als schönstes reformiertes Schweizer Gotteshaus des Barock — und mit 2000 Sitzplätzen auch als grösstes. Nach der Fertigstellung 1729 war der Kirchturm neben dem Münster lange Zeit ein Wahrzeichen der Stadt... bis dann Hochhäuser die Kirchen zu überragen begannen.

Christoffelturm und Bahnhof vertreten zwei Welten

Im Sommer 1857 erreichte das Geleise der Schweizerischen Centralbahn (SCB), von Basel herkommend, den Rand der Stadt Bern. Nun war das Verwaltungszentrum der Eidgenossenschaft an das in den folgenden Jahrzehnten immer dichter werdende Eisenbahnnetz angeschlossen. Drei Jahre später war der erste Berner Hauptbahnhof fertiggestellt: Feierlich eröffnet wurde der auf dem oberen Bild in der Mitte zu sehende Zweckbau am 1. Mai 1860. Die nächsten fünf Jahre brachten eine friedliche Koexistenz zwischen dem Umschlagplatz des modernen Verkehrsträgers Eisenbahn und dem alten Christoffelturm als Bestandteil der längst nutzlos gewordenen Stadtbefestigung. Die historische Foto, die zwischen 1860 und 1865 entstanden sein muss, dokumentiert in einmaliger Weise diesen Gegensatz zwischen Weltoffenheit (verkörpert im damals blitzneuen Bahnhof) und Traditionsverbundenheit (repräsentiert durch den im Vordergrund rechts zu erkennenden Christoffelturm aus dem Jahre 1346). Leider konnte eine knappe Mehrheit der Berner — die Bernerinnen waren noch nicht stimmberechtigt — diesem spannungsreichen Nebeneinander nichts abgewinnen: Im Dezember 1864 wurde der Abbruch des Christoffeturms beschlossen, und wenige Monate später stand von dem monumentalen Wehrturm auf dem Bahnhofplatz kein Stein mehr. Sehr viel später, nämlich 1957, musste auch der nun altgewordene Hauptbahnhof weichen. Er wurde durch ein funktionelles Gebäude aus Glas und Stahl ersetzt. Links auf den beiden Bildern die Ostfront des Burgerspitals von 1742, des einzigen Gebäudes, das die Veränderungen in den letzten 130 Jahren überstanden hat.
Ein Wort noch zum Hintergrund: Auf der aktuellen Foto dominiert das Hochschul-Hauptgebäude von 1903 den Horizont. Um 1860 stand auf der Grossen Schanze nur die Kuppel des Astronomischen Observatoriums (oberes Bild in der Mitte). Diese Werkstatt der Sterngucker musste zwar dem Universitätsinstitut für exakte Wissenschaften weichen, bleibt aber verewigt als Ausgangspunkt der Landesvermessung: Wo das grosse Teleskop stand, kreuzen sich die Koordinaten 600.000/200.000.

Wie hundert Jahre den Bahnhofplatz veränderten

In jeder grösseren Stadt Europas kommt dem Hauptbahnhof eine zentrale Bedeutung zu. Daher muss auf den ersten Blick erstaunen, wie leer der Berner Bahnhofplatz auf der um 1890 entstandenen historischen Aufnahme aussieht. Doch ein zweiter Blick bringt überraschende Einsichten: Neben den wenigen scharf abgebildeten Figuren finden sich sich etliche verwischte Schemen — die Spuren von Passantinnen und Passanten, welche während der mehrere Sekunden dauernden Belichtungszeit die Szene querten.

Moderne Kameras arbeiten mit Sekundenbruchteilen und halten auch rasche Bewegungen wie jene der Fahrzeuge auf der aktuellen Foto fest. Dennoch sei nicht bestritten, dass vor hundert Jahren der Bahnhofplatz noch merklich weniger stark belebt war. Dafür lassen sich mehrere Gründe anführen. So lebten damals in Bern und Umgebung nur etwa 100000 Menschen — heute zählt die Agglomeration um 300000 Seelen. Zweitens war man am Ende des letzten Jahrhunderts wesentlich weniger mobil, brauchte es auch nicht zu sein, denn Wohnsitz und Arbeitsplatz befanden sich häufig am gleichen Ort.

Übrigens sind auf dem unteren Bild viele Menschen gar nicht zu sehen, die gleichwohl zur Szene gehören: Sie bevölkern die ausgedehnte «Unterwelt» der Bahnhofpassage. Schliesslich noch ein Blick in die Höhe: Der Fortschritt hat in Form von Leitungsdrähten für Trolleybusse auch die dritte Dimension erobert. Als das obere Bild gemacht wurde, stand Bern eben erst an der Schwelle zum öffentlichen Personennahverkehr: Am 1. Oktober 1890 nahm die Berner Tramway-Gesellschaft ihre erste Linie in Betrieb. Zehn mit Druckluft angetriebene Strassenbahnwagen verkehrten zwischen Bärengraben und Bremgartenfriedhof.

BAHNHOF GARE STAZIONE STAZIUN steht in den vier Landessprachen an der Südfassade des Hauptbahnhofes geschrieben. Dem alten Bahnhof sah man seine Aufgabe an, ohne dass eine Anschrift nötig gewesen wäre. Und auch die Funktion der barocken Heiliggeistkirche von 1729 erklärt sich ganz zwanglos aus ihrer Form...

Als der Bahnhofplatz noch keine Hektik kannte

Die sogenannte «gute alte Zeit» hatte zweifellos auch manche Schattseiten: hohe Kindersterblichkeit, enge Wohnverhältnisse, strengere Trennung der Gesellschaftsschichten, fehlende soziale Sicherheit... Doch vergessen wir die Vorzüge nicht, welche das 19. Jahrhundert in unseren Augen zu einem in mancher Hinsicht goldenen Zeitalter machen: gesunde Luft, kaum Verkehrslärm, kein Freizeitstress. Überhaupt war Hektik weitgehend unbekannt, selbst an einem so zentralen Ort wie dem Bahnhofplatz — die obere Aufnahme von 1880 mit der idyllischen Anlage mitten auf dem Platz beweist es deutlich.

Damals mussten die Fussgänger nicht, wie auf dem unteren Bild, beim Überqueren der Strasse um ihr Leben fürchten. Gewiss, man hat, um die Sicherheit der Zweibeiner zu garantieren, unter dem Bahnhofplatz eine Passage gebaut. Dennoch wagen eilige Bernerinnen und Berner immer wieder die waghalsige Abkürzung über die Fahrbahn — sei es, weil sie Zeit sparen wollen (womit sie die Mär vom gemächlichen Berner Tempo widerlegen), sei es aus Abneigung gegen das verordnete Abtauchen in die Unterwelt. Zum diesem Thema hält die Bernische Gesellschaft zur Pflege des Stadt- und Landschaftsbildes (GSL, vormals Verschönerungsverein der Stadt Bern) fest: «Der Fussgänger wird mit zunehmender Verkehrsflut aus Gründen der Sicherheit und zugunsten eines fliessenden Motorfahrzeugverkehrs in den Untergrund verbannt. Dass dies nicht menschenwürdig ist, beginnen wir erst jetzt zu realisieren, nachdem all die aufwendigen Bauten erstellt sind.»

Zurück zum Bahnhofplatz von 1880. Vom Hauptbahnhof selber ist im Vordergrund links nur der Schatten zu sehen. Drei Hotelbauten säumen den Bahnhofplatz, der vor dem Bahnhofbau von 1860 schlicht Kabismarkt geheissen hatte: links hinten das ebenfalls 1860 erbaute Hôtel du Boulevard, welches auch die erste Hauptpost beherbergte; gegenüber das Hôtel de France, einige Jahre jünger; rechts im Bild schliesslich das Hôtel Suisse/Schweizerhof, das 1857 unter dem Namen Hotel Zähringerhof eröffnet worden war. Alle drei Hotels sind inzwischen abgebrochen; das heutige Hotel Schweizerhof, auf der aktuellen Foto zu erkennen, stammt aus dem Jahr 1911.

Den Lauben ein Lob: trockenen Fusses durch Bern

Zweimal die Neuengasse in Bahnhofnähe, Blick stadtabwärts. Runde 90 Jahre liegen zwischen den Aufnahmen, und hier im Geschäftszentrum Berns hat sich in dieser Zeit tatsächlich allerhand verändert — mehr jedenfalls als im unteren Teil der Altstadt. Die alten Häuser an der Neuengasse wurden 1904 abgebrochen und durch Neubauten ersetzt. Geblieben sind jedoch die Lauben als typisches Merkmal einer fussgängerfreundlichen Architektur. Dass von jedem Privatgrundstück ein Teil der Allgemeinheit zur Verfügung steht, ist sonst ja eher die Ausnahme. In Bern zählen die Arkadengänge längs der Strassen hingegen zur Regel. Bei Regen (in der Bundesstadt fallen jährlich um die 1000 Millimeter Niederschlag) wandelt man hier trockenen Fusses und Kopfes einher, und im Sommer ist's am Schatten angenehm kühl.

Die Einheimischen haben sich an die Vorzüge der Lauben gewöhnt. Besucherinnen und Besucher aber werden nicht müde, in ihren Reiseberichten davon zu schwärmen. Der Basler Daniel Kraus im Jahre 1781 etwa: «Diese Stadt hat ein herrliches Aussehen. Auch sind die Lauben, unter denen man beständig fortgeht, sehr angenehm. Alles wimmelt dort von Menschen. Die Mannspersonen sind lauter schöne Leute und nicht grob noch stolz; auch gibt's viel schöne Frauenzimmer hier.»

Danke fürs Kompliment, sowohl was die Lauben wie auch was die Leute angeht. Ein Lob der Lauben singt, in eigener Sache, auch das «Adressenbuch der Stadt Bern für Wissenschaft, Kunst, Handel und Gewerbe» aus dem Jahre 1836: «Was sich zunächst dem Besucher darstellt sind gerade, reinliche Strassen, die aus schönen, meist steinernen Häusern bestehen, unter denen gut geplattete Bogengänge, gegen jede beschwerdende Witterung schützend, durchführen, und in welchen, was Gewerbefleiss und Kunst Kostbares und Nützliches zu bieten vermag, zum Verkauf anziehend ausgestellt ist.»

Da finden wir also die Erklärung für Berns Lauben: Es sind Einrichtungen, die nicht aus purer Menschenfreundlichkeit dem Publikum zur Verfügung stehen, sondern um dessen Kauflust anzuregen. In der Tat wird so mancher gemütliche Stadtbummel bald einmal zur Einkaufstour.

Wo Waisen wohnten, haust nun die Polizei

Das monumentale Gebäude im Hintergrund hat dem Platz davor den Namen gegeben: Es ist das einstige Waisenhaus, der Platz folglich der Waisenhausplatz. Zwischen 1786 und 1938 diente der 1783 erstellte Sandsteinbau als städtisches Knabenwaisenhaus. Anschliessend zogen die elternlosen Kinder an den Melchenbühlweg am östlichen Stadtrand um, während die Polizei das zentral gelegene und für die Erfüllung ihrer Aufgaben daher ideale Gebäude übernahm. Auf dem oberen Bild aus der Zeit um 1910 ist das Waisenhaus also noch in seiner ursprünglichen Funktion zu sehen, während die aktuelle Aufnahme das Hauptquartier der Berner Stadtpolizei wiedergibt (ob die Nähe der Ordnungshüter wohl zu einer guten Parkierdisziplin auf dem Platz führt?).

Um die Förderung des Waisenwesens hatte sich übrigens der 1777 kurz vor Eröffnung des Waisenhauses verstorbene Albrecht von Haller verdient gemacht. Diesem Dichter und Gelehrten von Weltruhm setzte seine Vaterstadt später vor der Universität ein Denkmal. Vor dem Waisenhaus fanden früher die Wochenmärkte statt: der Viehmarkt (später an den Klösterlistutz beim Bärengraben verlegt), der Holzmarkt, der Weinmarkt und — bis einige Zeit nach dem Zweiten Weltkrieg — der Schweinemarkt.

Nicht weit von jener Stelle, wo auf dem oberen Bild die Gaslaterne steht, erhebt sich heute der moderne Meret-Oppenheim-Brunnen: eine Betonsäule, über die ständig Wasser rinnt und die girlandenförmig angeordneten Rabatten mit Grünbewuchs befeuchtet. In Bern ist das Kunstwerk stark umstritten. Während die befürwortende Seite argumentiert, in einer modernen, lebendigen Stadt sollten nicht nur historische Baudenkmäler stehen, stören sich die ablehnenden Stimmen am architektonischen Gegensatz zwischen Brunnen und Waisenhaus. Gewiss ein guter Grund — doch wenn man das Gebäude besser zur Geltung bringen möchte, müsste man als erstes die Benzinkutschen vom Platz verbannen.

Im Zeughaus lagerten Gewehre für 30000 Soldaten

Die Berner liebten es, ihren Charakter mit dem des Wappentieres zu vergleichen: Wie der Bär, so behaupteten sie, seien sie stark und beharrlich, im Grunde gutmütig, doch voller Grimm, wenn gereizt. Solche Eigenschaften zahlten sich im kriegerischen Mittelalter aus, und der Stadt gelang es, die Herrschaft über ein grosses Umland zu erwerben. Bis zum Untergang der Alten Eidgenossenschaft 1798 unterstanden auch das Waadtland und ein grosser Teil des Aargaus den Gnädigen Herren zu Bern.

Eine beträchtliche Militärmacht hatte die Ansprüche des bernischen Staatswesens zu verteidigen. Zentrum dieser Wehrhaftigkeit war das Zeughaus am Südostende des Waisenhausplatzes, zwischen Nägeligasse und Zeughausgasse.

Das Depot selber, auf dem oberen Bild dargestellt, macht zwar mit seiner Sonnenuhr keinen übertrieben kriegerischen Eindruck. Es stammt aus dem 16. Jahrhundert und hätte später durch ein repräsentativeres Gebäude ersetzt werden sollen. Dass die Behörden auf den Neubau verzichteten, zeigt doch, wie sicher sie sich ihrer Sache waren: Wer hätte denn das bärenstarke Bern angreifen wollen?

Als es die französische Revolutionsarmee im März 1798 tatsächlich wagte, brach die alte, morsch gewordene Ordnung innert weniger Tage zusammen. Den in Bern einrückenden Franzosen fiel ausser dem beträchtlichen Staatsschatz auch der ganze Inhalt des Zeughauses in die Hände: Gewehre für 30000 Soldaten und 400 Kanonen.

Im 19. Jahrhundert verlor das alte Zeughaus an Bedeutung und wurde mehr und mehr zum Lagerraum ausgedienter Waffen. Unsere Aufnahme muss kurz vor seinem Abbruch im Jahre 1876 entstanden sein. Während das neue Zeughaus auf das Beundenfeld im Nordquartier zu stehen kam (ganz in der Nähe befindet sich praktischerweise die Kaserne), wurde die Baulücke am Waisenhausplatz bald geschlossen. Wo einst das Arsenal mit seinem kriegerischen Inhalt stand, erhebt sich nun das gastfreundliche Hotel-Restaurant «Metropole».

Bern wusste sein Kornhaus wohl zu bewahren

Während die Zürcher ihr altes Kornhaus gnadenlos niederrissen — es befand sich neben der Fraumünsterpost und fiel 1898 der Spitzhacke zum Opfer —, trugen die Berner brav Sorge zu ihrem städtebaulichen Kleinod. Es ist aber auch ein wunderprächtiger Bau, das hochbarocke Kornhaus am Berner Kornhausplatz. Als es 1711-1715 unter Leitung von Münsterbaumeister Hans Jakob Dünz aus Quadern der stadtnahen Sandsteinbrüche errichtet wurde, gab es noch keine Kornhausbrücke. Diese Verbindung zu den Quartieren am Nordufer der Aare entstand erst 1898, fehlt also auf unserem oberen Bild von etwa 1870, ebenso das 1903 eröffnete Stadttheater.

Das Kornhaus gilt als Denkmal altbernischer Staatsphilosophie, in der weise Voraussicht eine grosse Rolle spielte: In guten Zeiten wurden grosse Mengen Getreide eingelagert, damit das Volk in Perioden des Mangels dann etwas zu beissen hatte. Diese Strategie bewährte sich mehr als einmal; moderne Volkswirtschaftler würden sie als «Überwindung ökologischer Krisen durch ökonomische Massnahmen» bezeichnen.

Bis in die Jahre nach 1900 fand in der Hallenunterführung des Kornhauses der Kornmarkt statt, während sich auf dem Platz davor die Knechte und Mägde um eine Stelle bewarben — Arbeitsmarkt noch im wahren Sinne des Wortes.

Zierde des Kornhausplatzes ist der Kindlifresserbrunnen, ein Werk von Meister Hans Gieng aus dem Jahre 1545. Die schreckenerregende Gestalt verspeist gerade ein junges Menschlein, während weitere auf ihr Ende warten und muntere Bären die Brunnensäule umtanzen. Der Kindlifresser war eine ebenso beliebte wie gefürchtete Fasnachtsfigur und darf als Vorläufer unserer Gruselfilmgestalten gelten.

Während heute die historischen Brunnen nur mehr Touristenattraktionen sind (das aktuelle Bild beweist es), hatten sie noch vor hundert Jahren durchaus praktische Aufgaben zu erfüllen. Die historische Foto zeigt junge Wasserträger mit ihrem Gerät: Als die Wohnhäuser noch kein fliessendes Wasser kannten, musste jeder Tropfen von den öffentlichen Brunnen herangeschleppt werden.

Blick vom Münsterturm Richtung Nordwesten

Wo wollen wir denn beginnen bei unserem Vergleich von gestern und heute? Ach ja, zuerst natürlich noch die Angabe über den Standort. Wenn ein Fotograf des letzten Jahrhunderts — die historische Aufnahme datiert von 1894 — ein solches Bild aus der Vogelschau machen wollte, musste er auf einen ordentlich hohen Turm steigen. In diesem Fall kommt nur das Münster in Frage. Tatsächlich schweift unser Blick vom Münsterturm nach Nordwesten, über die Dächer der benachbarten Altstadtgassen hin zum monumentalen Kornhaus links im Mittelgrund, während rechterhand die Aare von uns weg dem fernen Rhein entgegenfliesst.

Sofort fällt das Gebäude etwas unterhalb der Bildmitte auf, das auf der oberen Foto noch fehlt. Es ist das 1900-1903 erbaute Stadttheater. Unmittelbar davor — durch Bäume verdeckt — befindet sich der südliche Brückenkopf der Kornhausbrücke. Auch sie, da erst 1898 eröffnet, ist auf dem älteren Bild nicht zu sehen. Die aktuelle Aufnahme zeigt rechts unten ein Stück dieser 355 Meter langen und 48 Meter hohen Brücke, und zwar über dem Pfeiler am Aare-Nordufer.

Was hat sich sonst noch an der Brückenlandschaft verändert? Das Dokument von 1894 hält die Erinnerung an die eiserne Rote Brücke wach, die zwischen 1858 und 1941 dem Eisenbahnverkehr diente, gleichzeitig aber auch bis 1930 den wachsenden Strassenverkehr über das Aaretal leitete. 1930 wurde dann die Lorrainebrücke dem Strassenverkehr, 1941 der neue Eisenbahnviadukt dem Schienenverkehr übergeben; beide Brücken spannen sich auf dem untenstehenden Bild über den flaschengrünen Fluss.

Auch im Bereich des Wohnungsbaues ist einiges geschehen. Im Häusergewimmel der nahen Altstadt betreffen die Veränderungen allerdings nur Einzelheiten wie etwas Dachausbauten. Doch im Hintergrund haben die Quartiere Brückfeld und Neufeld markant an Substanz zugelegt. Den Abschluss bilden drei moderne Komplexe unmittelbar vor dem Bremgartenwald: links das Lindenhofspital, rechts das Städtische Gymnasium Neufeld, dazwischen — als Hochbau — das Personalhaus des Spitals.

Als das Casino kam, musste die Stadtpolizei gehen

Um die Jahrhundertwende war Bern nach damaligen Begriffen eine Grossstadt mit einer Einwohnerzahl von rund 100000 Seelen. Um für Ruhe und Ordnung zu sorgen, genügte ein zahlenmässig geringes Polizeikorps. Auf dem oberen Bild von 1907 sehen wir es vollzählig versammelt, und zwar in seinem Hauptquartier am heutigen Casinoplatz. Die Foto wurde aus nostalgischem Anlass geschossen, denn es galt Abschied zu nehmen: Das Gebäude musste dem Casino-Neubau weichen (auf der modernen Abbildung hinter dem Tramwagen der Linie 3 Richtung Saali/Oberes Murifeld zu sehen). Das alte Casino seinerseits hatte auf dem heutigen Bundesplatz gestanden und dem Neubau des Parlamentsgebäudes Platz machen müssen. So geht es, wenn eine Modernisierungswelle die Stadt erfasst: Wie Dominosteine fallen die Altbauten, wie Pilze schiessen an ihrer Stelle grössere (und zuweilen sogar schönere) Objekte aus dem immer teurer werdenden Boden.

Dem alten Stadtpolizeigebäude gleich gegenüber (das heisst unmittelbar ausserhalb des rechten Bildrandes) befand sich die Hauptwache, damals Sitz der Kantonspolizei. Auch wenn das kantonale Landjägerkorps inzwischen längst ausgezogen ist (sein heutiger Standort ist der Ringhof im Lorrainequartier, während die Stadtpolizei im ehemaligen Knabenwaisenhaus am Waisenhausplatz seine neue Heimat gefunden hat) — auch wenn also das Landjägerkorps inzwischen dem Stadtzentrum den Rücken gekehrt hat, ist die ehemalige Hauptwache stehengeblieben. Das 1766 vom Berner Architekten Niklaus Sprüngli gebaute und im Stil jener Zeit mit pseudogriechischen Säulen verzierte Gebäude war mehrmals vom Abriss bedroht, hat sich aber in die Gegenwart hinüberretten können und wird, bei gewachsenem Verständnis für die kulturgeschichtlichen Schätze der Vergangenheit, künftig wohl unbehelligt bleiben.

Im 19. Jahrhundert bildeten die Landjäger oft Zielscheibe des Studentenulks. Einmal hatten einige angehende Akademiker nächtlicherweile das Türschild der Blindenanstalt entwendet und — vom Auge des Gesetzes unbemerkt — an der Hauptwache montiert. Noch lange lachte die ganze Stadt über diesen Streich.

O tempora, o mores:
Was wurde aus der Lateinschule?

Ein symbolträchtiger Platz an der oberen Herrengasse in der Berner Altstadt. An dieser Stelle stand das Kloster der Franziskaner, auch Barfüsser genannt. Seit 1255 war der Orden in Bern ansässig. Beim Stadtbrand von 1405 ging auch das Barfüsserkloster in Flammen auf; es wurde in Stein neu erbaut. 1528 fand in der Klosterkirche die Berner Disputation statt, wo die Anhänger des neuen Glaubens den Sieg davontrugen. Bern wurde protestantisch und hob alle Klöster auf. 1535 riss man die Klosterkirche nieder und erstellte 1581 an deren Stelle die auf dem oberen Bild sichtbare Lateinschule. Wo früher lateinische Gesänge und Gebete erklungen waren, musste sich nun die männliche Jugend der Stadtprominenz mit der schwierigen Sprache der alten Römer herumschlagen.

Die Lateinschule diente zur Vorbereitung des Hochschulbesuchs, kann also etwa mit einem Gymnasium verglichen werden. Die strengen Disziplinarvorschriften wurden immer wieder missachtet, weil die lebhaften Buben lieber Schabernack trieben als die Verse von Dichtern aus dem Altertum auswendig zu lernen. O tempora, o mores — so mögen die überforderten Lehrer manchmal geseufzt haben: welche Zeiten, welche Sitten!

Die Zeiten änderten sich, und mit ihnen auch die Sitten. So wurde die «Grüne Schule», wie die Lateinschule nach der Uniform ihrer Schüler im 19. Jahrhundert im Volksmund genannt worden war, 1906 niedergerissen, um dem Casino-Neubau (auf dem unteren Bild hinten links) Platz zu machen. Dadurch erhielt die Herrengasse als Verbindung vom Münsterplatz zum Casinoplatz nun einen freien Ausgang. Um die altehrwürdige Lateinschule ist's dennoch schade. Vom Kloster über eine Stätte klassischer Bildung zum Vergnügungsbetrieb... sollten nicht auch wir hier in den lateinischen Klagespruch einstimmen: o tempora, o mores?

Der Münsterplatz mit und ohne Reiterstandbild

Kriegshelden haben es nicht immer leicht, nicht einmal in Bern mit seiner jahrhundertelangen Tradition der Wehrhaftigkeit. Nehmen wir als Beispiel den Ritter Rudolf von Erlach, dessen Denkmal auf dem oberen Bild, aufgenommen um 1900 und eskortiert von einer Reiterschar aus Fleisch und Blut, zu sehen ist. Hier trabt er an Ort mitten auf dem Münsterplatz; das Hauptportal des Gotteshauses hat man sich etwas ausserhalb des rechten Bildrandes zu denken.

Rudolf von Erlach soll die siegreichen Berner Truppen in der Schlacht bei Laupen am 21. Juni 1339 angeführt haben. Damals besiegte die aufstrebende Stadt den Adel der Umgebung und machte den Weg für weitere Gebietsgewinne frei. Ob Rudolf von Erlach tatsächlich dem bernischen Heer vorangeritten ist, bleibt allerdings umstritten, denn die erste Erwähnung seines Namens datiert von 1420 — mehr als 80 Jahre nach der Laupenschlacht.

Vielleicht bewog dieser Zweifel die Behörden zu einer gewissen Zurückhaltung, als es im 19. Jahrhundert darum ging, den grossen Gestalten der Stadtgeschichte Denkmäler zu setzen. Das offizielle Bern jedenfalls favorisierte Herzog Berchtold V. von Zähringen, den Stadtgründer. Das 1847 errichtete Zähringerdenkmal stand ursprünglich auf der Münsterplattform und wurde später in den Hof der Nydeggkirche verlegt.

Auf private Initiative bekam bald auch Rudolf von Erlach sein Standbild. Als erstes Reiterdenkmal wurde es 1849 auf dem Münsterplatz aufgestellt. Aus verschiedenen Gründen (es ging wohl auch um die Schaffung von Parkplätzen) wies man dem edlen Ritter 1969 einen Standort an der Grabenpromenade beim Kornhausplatz gegenüber dem Stadttheater zu. Dort, durch Laubwerk den Blicken weitgehend entzogen, reckt er hoch zu Pferd unverdrossen sein Banner.

Der Münsterplatz zeigt sich heute, da im nahen Rathausparking unterirdische Abstellplätze zur Verfügung stehen, autofrei; an Markttagen sind hier Stände aufgeschlagen. Hinten links ist der Mosesbrunnen aus dem Jahre 1790 zu sehen, der jüngste von Berns historischen Brunnen. Der Prophet präsentiert die biblischen Gebotstafeln und möchte sicher gerne wissen, wer aus dem wimmelnden Volk noch die zehn Gebote hersagen könnte.

Das Rathaus — heute schöner als vor 90 Jahren?

Gut hinschauen, bitte: Beide Fotos zeigen das gleiche Gebäude — das Rathaus zu Bern. Beim oberen Bild handelt es sich um eine Aufnahme aus der Zeit um 1900; darunter das heutige Gesicht des ältesten weltlichen Bauwerkes auf Stadtboden.

Gemäss einer Sage soll hier, wo das Rathaus steht, jener Bär seine Höhle besessen haben, welcher der Siedlung den Namen gab. Gleich nach dem verheerenden Stadtbrand von 1405 wurde mit dem Bau begonnen. Im Jahre 1414 hielt der Rat seine erste Sitzung ab. Seither ist das Rathaus — über dem Nordhang der Aarehalbinsel gelegen — Mittelpunkt des politischen Geschehens geblieben. Nicht nur das Schicksal der Stadt, sondern auch das der umliegenden Landschaft entscheidet sich in den alterwürdigen Hallen: Im Rathaus versammelt sich ausser dem Stadtrat (dem Stadtparlament) ebenfalls der Grosse Rat (das bernische Kantonsparlament); ferner beherbergt das Rathaus die Kantonsregierung und einen Teil der Verwaltung.

Seit seiner Fertigstellung um 1414 hat das Rathaus etliche Renovationen erlebt. Die auf der historischen Foto sichtbare Umgestaltung in neugotischem Zuckerbäckerstil erfolgte 1865-1868. Später, nämlich 1940-1942, wurden die Dachaufbauten samt dekorativen Türmchen sowie die Dächer über den Treppen wieder entfernt. Auch die Uhr erhielt ein anderes Gesicht. Heute sieht das Rathaus in grossen Zügen wieder so aus wie vor der Renovation im letzten Jahrhundert. Es soll hier kein Urteil gefällt werden, welche Fassade schöner sei — Architektur ist zu einem guten Teil Geschmackssache. Indes sei festgehalten, dass der schlichtere Anblick von heute wohl eher dem nüchternen Berner Charakter entspricht und auch besser zu den übrigen Sandsteinbauten der Altstadt passt.

Auf der Münsterplattform
mit Blick nach Nordosten

An der Sonnseite vor dem Münster befindet sich die Münsterplattform, als Grünanlage ein beliebter Treffpunkt für die Bewohnerinnen und Bewohner der Berner Altstadt. Bis zum Jahre 1531 diente die Plattform als Friedhof. Während der Reformation von 1528, als beim Bildersturm alle Heiligenfiguren gewaltsam aus dem Münster entfernt wurden, gelangten die Statuen «auf des Friedhofs Schütte». Dort kamen sie — das heisst ihre Bruchstücke — bei den Sanierungsarbeiten des Jahres 1986 wieder zum Vorschein. Archäologen sind der Ansicht, die aus Sandstein geschaffenen und in reformatorischem Eifer weggeworfenen Figuren gehörten zu den schönsten Skulpturen des Spätmittelalters.

Während diese archäologische Sensation jahrhundertelang unter dem Boden der Münsterplattform verborgen lag, ist eine andere Sehenswürdigkeit seit 1897 dem geschätzten Publikum gegen ein geringes Entgelt zugänglich: der elektrische Personenaufzug Matte — Plattform, kurz Mattenlift oder im Volksmund auch «Senkeltram» genannt (das heisst in senkrechter Richtung verkehrende Trambahn). Für 60 Rappen — bei mehreren Fahrten Ermässigung, künftige Preiserhöhungen vorbehalten — kann man sich rasch und bequem von der Plattform ins Mattequartier an der Aare hinuntertragen lassen. Einen weniger bequemen Weg hatte am 23. Mai 1654 der Theologiestudent Theobald Weinzäpfli gewählt: Wie eine Gedenktafel auf der Plattform kundtut, stürzte Studiosus Weinzäpfli an jenem Tag, vielleicht nicht ganz nüchtern, über die Brüstung... und überlebte wunderbarerweise den Dreissig-Meter-Flug.

Auf dem oberen Bild, um 1880 aufgenommen, fehlt der Mattenlift noch. Frei geht der Blick von der Münsterplattform nach Nordosten zur Nydeggbrücke im Mittelgrund. Dieser — nach der Untertorbrücke — zweite Aareübergang Berns wurde 1844 eröffnet. Anfänglich hatten Passanten Brückenzoll zu bezahlen, woran die beiden gut sichtbaren Zollhäuschen erinnern.

Auf beiden Fotos ist am linken Bildrand das monumentale Gebäude des Erlacherhofs an der Junkerngasse zu erkennen, erbaut 1745-1752 im Auftrag des Hieronymus von Erlach. Von 1848-1857 residierte hier der Bundesrat; jetzt beherbergt der Erlacherhof Teile der Stadtverwaltung.

Im Bärengraben fühlen sich die Mutzen glücklich

Der Braunbär ist das Wappentier der Stadt Bern. Wie die Sage erzählt, soll das wehrhafte Tier, von den Einwohnerinnen und Einwohnern «Mutz» genannt, bei der Stadtgründung eine Rolle gespielt haben. Zähringerherzog Berchtold V. veranstaltete nämlich 1191 auf der damals noch dichtbewaldeten Aarehalbinsel eine Treibjagd und benannte die neue Siedlung nach der zuerst erlegten Beute: Zum Glück für die Bernerinnen und Berner war es ein Bär und nicht etwa ein Hase.

Mit gutem Grund sind die Einheimischen also stolz auf ihr Wappentier. Eine Chronik berichtet schon 1441 über Fang und Unterhalt von Bären. Ein Bärengehege ist seit 1513 dokumentiert. Damals brachte ein Berner Hauptmann zwei junge Mutzen als Kriegsbeute aus der Schlacht von Novara in Norditalien nach Hause. Lange Zeit befand sich dieser erste Bärengraben am heutigen Bärenplatz — daher auch dessen Name. Später kamen die Tiere mit dem zottigen Fell in die Nähe der Heiliggeistkirche. Als dann 1857 der Bahnhof gebaut wurde, mussten sie an ihren heutigen Standort am Ostende der Nydeggbrücke umziehen. Mit dem Aufkommen des Tourismus in der zweiten Hälfte des 19. Jahrhunderts entwickelte sich der Bärengraben zu einer international bekannten Attraktion. Auch die Einheimischen gehen gerne ihre Bären besuchen, vor allem im Frühling, wenn die drolligen Jungtiere herumtollen. Offensichtlich fühlen sich die Bären in ihrer künstlich geschaffenen Heimat wohl. Zoologen sagen, die schattige Anlage mit Brunnen und Kletterbaum entspreche weitgehend dem natürlichen Lebensraum der Braunbären. Gerne lassen sich die Mutzen vom Touristenvolk mit kleinen Leckerbissen verwöhnen. Die Bären auf dem oberen Bild, das aus der Zeit um 1890 stammt, sind freilich nicht echt: Mit geschickt geführtem Stift wurden sie später hineinkopiert.

Grosses Gedränge herrscht am Klösterlistutz

Keine Frage wird wohl von Besucherinnen und Besuchern häufiger gestellt als jene nach dem Standort des Bärengrabens. Selbst wenn, was ab und zu vorkommt, ein schlecht informierter Auswärtiger sich nach der Löwengrube erkundigt, bekommt er den richtigen Weg gewiesen.

Wer mit Pauschal-Arrangement reist, kennt solche Sorgen nicht: Busfahrer aus ganz Europa wissen den Bärengraben mit Sicherheit zu finden. Während der Hochsaison herrscht dann häufig ein grosses Gedränge auf dem Parkplatz am nahen Klösterlistutz (mit «Stutz» bezeichnet man in Bern ein abfallendes Strassenstück).

Der Klösterlistutz verbindet auf dem östlichen Aareufer die Nydeggbrücke mit der altehrwürdigen Untertorbrücke, Berns erstem Flussübergang. Wo sich heute die Blechkarrossen aus aller Herren Länder drängen, kam es früher — wie das Bild oben zeigt — zuweilen ebenfalls zu beträchtlichem Andrang: An Markttagen scharten sich Verkäufer, Käufer und allerhand Zaungäste um das ausgestellte Vieh. Auffällig bei dieser Massenszene, dass sich damals kein Mann (und Viehmarkt war Männersache) ohne Hut in der Öffentlichkeit zeigte.

Der Klösterlistutz hat seinen Namen von einem Frauenkloster, das hier vor der Reformation von 1528 stand. Später übernahm ein Gasthof die Bezeichnung «Klösterli». Mit dessen Schliessung 1942 ging ein seit 1688 bestehendes Pintenrecht verloren. Unlängst lehnten die Stimmberechtigten der Stadt ein Projekt ab, die Häuserzeile links auf den Bildern durch Neubauten zu ersetzen: Die futuristisch anmutenden Pläne des österreichischen Architekten Tesar mit ihren Türmen fanden bei den traditionsverhafteten Bernerinnen und Bernern keine Gnade.

Bauvorschriften schützen die Idylle am Altenberg

Fast scheint es, als seien acht Jahrzehnte spurlos an dieser Szenerie vorübergegangen. Befindet sich die Idylle überhaupt in Bern? Aber sicher, und eben nur wenige Schritte von jener Stelle entfernt, wo vor 800 Jahren die Stadt gegründet wurde.

Wir stehen bei der Untertorbrücke, Berns ältestem Aareübergang, und blicken von der Häusergruppe am Läuferplatz ans nördliche Gegenufer und zum Altenberg hinauf. Ganz in der Nähe des Aufnahmestandortes steht der Rossschwemmeturm, 1625 erbaut und seither mehrmaligem Namens- sowie Funktionswechsel unterworfen. Der ursprüngliche Name deutet auf die Gewohnheit der Fuhrleute, hier an der Aare im Sommer ihren Pferden verdiente Kühlung zu verschaffen. Ab 1761 diente der Turm als Pulvermagazin und wurde daher Salpeterturm genannt. Auch die Bezeichnung «Toggeliturm» stand im Gebrauch. Nach 1850 wurde in dem einstigen Teil der Stadtbefestigung eine Badeanstalt eingerichtet, das Laufeneggbad. Die Tradition der Dienstleistung hat sich gehalten: heute werden in dem historischen Gemäuer chinesische Spezialitäten serviert.

Das Gegenufer am Altenberg kann kaum mit solch geschichtsträchtigen Gebäulichkeiten aufwarten. Wir blicken zu einer sozusagen «vergessenen Ecke» der Stadt Bern hinüber. Obwohl unmittelbar beim ältesten Kern gelegen, hat sich der Abhang des Altenbergs ein fast ländliches Aussehen bewahrt. Gewiss sind in den rund 80 Jahren, die zwischen den beiden Aufnahmen verstrichen, einige neue Häuser hinzugekommen — der Gesamteindruck ist aber der gleiche geblieben. Praktisch spurlos zog der Bauboom der jüngsten Zeit vorbei. Und aller Wahrscheinlichkeit nach wird die Idylle erhalten bleiben: Der Berner Nutzungszonenplan von 1976, vom Volk gutgeheissen, verhindert störende Eingriffe an den Aaretalhängen.

Über die Aarehalbinsel ein Blick zum Gurten

Auf den ersten Blick sieht die Altstadt da am jenseitigen Aareufer fast wie Bern aus. Doch es muss sich wohl um eine Verwechslung handeln: Die Kirche mit dem plumpen, stumpfen Turm rechts im oberen Bild kann niemals das Berner Münster sein.

Ist es aber doch! Bis 1891 blieb die stolze Kathedrale Berns, deren Grundstein bereits 1421 gelegt worden war, unvollendet. Erst gegen Ende des letzten Jahrhunderts erhielt der Münsterturm seine heutige schlanke Form. Auf der unteren Foto ist er gerade nicht mehr zu erkennen, da das Münster durch ein inzwischen erbautes Haus verdeckt wird.

Wir stehen hier am Altenberg im Norden der Aareschleife und blicken über die Altstadt hinüber zu Berns Hausberg, dem Gurten. Dieses autofreie Ausflugsziel liegt nicht mehr auf Berner Stadtboden, sondern auf jenem der Nachbargemeinde Köniz. Dennoch haben die Stadtleute den 858 Meter hohen Hügel aus Molassesandstein gewissermassen adoptiert. Hier verbringen sie am Wochenende gern einige Stunden fern der Hektik, hier werden Freiluft-Festivals abgehalten, und auf dem Gurten steigt jeweils am 1. August auch das von den Berner Steuerzahlern finanzierte Feuerwerk in den Nachthimmel.

Zum Stichwort «Gurten» schreibt das 1904 erschienene Geographische Lexikon der Schweiz (wobei jedes Wort noch heute seine Gültigkeit besitzt): «Bergrücken westlich vom Gürbetal und 3,5 Kilometer südlich der Stadt Bern. Steigt mit bewaldeten Steilhängen an und trägt ein gut angebautes Gipfelplateau. Sehr schöne Aussicht auf die Stadt Bern, die von hier aus sich besonders günstig präsentierenden Berner Alpen und den Jura. Stark besuchtes Ausflugsziel mit grossem Gasthof. Eine 1899 erbaute elektrische Standseilbahn führt von Wabern auf den Kulm.»

Zurück zu unserem Standort, dem Altenberg. Im Gegensatz zum Gurten handelt es sich nicht um einen richtigen Berg, sondern um den rechtsufrigen Nordhang der Aare. Der nach Süden exponierte Hang von 60 Metern Höhenunterschied trug früher Rebberge und lieferte einen wohl recht herben Berner Stadtwein. Auch der erste Sandsteinbruch befand sich am Fuss des Altenbergs, der eigentlich «Hohenberg» heissen müsste: Der Flurname leitet sich nämlich vom Lateinischen «altus mons» her, was hoher Berg bedeutet.

Die Brücken wechseln, doch die Aare bleibt

Wir stehen am Aareufer dicht unter der Kornhausbrücke und wenig neben dem Altenbergsteg. Diese beiden Übergänge sind auf den Fotos nicht zu sehen, wohl aber weitere Brücken etwas flussabwärts. Auf der historischen Aufnahme aus der Zeit um 1870 ist es die alte Eisenbahnbrücke, ihres Farbanstrichs wegen auch Rote Brücke genannt. Erbaut wurde sie 1856-1858, um die Linie der Schweizerischen Centralbahn von Norden her in den Berner Hauptbahnhof zu führen.

Lange Jahrzehnte hatte die Rote Brücke sowohl dem Eisenbahn- wie auch dem Strassenverkehr zu dienen, denn im Gitterkasten unter den Schienen verlief eine Fahrbahn. Diese Konstruktion war recht problematisch: Wenn ein Zug ratternd und dröhnend vorbeifuhr, pflegten Pferde häufig zu scheuen. Dabei kam es zu Unfällen, wobei auch Fussgänger getötet wurden. Im Volk bekam die Brücke deshalb den Beinamen «Würgengel». Man nannte sie ebenfalls «Chrätze» — mit einem Dialektausdruck für Tierkäfig.

Wegen des steigenden Verkehrsaufkommens musste die Rote Brücke zweimal verstärkt werden, 1899 und 1921. Doch mit der Zeit half alles nichts — Eisenbahnverkehr und Strassenverkehr hatten getrennte Wege zu gehen. 1930 nahm die Lorrainebrücke (sie setzt im unteren Bild den Hauptakzent) ihren Betrieb als 178 Meter langer und 38 Meter hoher Strassenübergang auf.

1941 dann, mitten im Zweiten Weltkrieg, wurde der neue Eisenbahnviadukt (ihr Südpfeiler ist hinter dem Bogen der Lorrainebrücke zu erkennen) erbaut, die mit 150 Metern weitestgespannte viergleisige Bahnbrücke Europas. Nun war die alte Rote Brücke überflüssig geworden; man brach sie ab.

Während das Menschenwerk wechselt, strömt die Aare in gleichbleibender Ruhe dahin, an dieser Stelle durchschnittlich 121 Kubikmeter Wasser pro Sekunde führend. Während des Sommers ist der abgebildete Abschnitt bis hinunter zum Lorrainebad eine beliebte Tummelstrecke für Flussschwimmerinnen und Flussschwimmer. Ihre Route — wie auch jene der Frühlingsspaziergänger auf unseren Bildern — führt am Blutturm (genau im Zentrum der Fotos) vorbei. Dieser Eckpfeiler der Stadtbefestigung stammt aus der Zeit um 1480 und wurde trotz seines Namens wohl nie für Folterungen oder Hinrichtungen benutzt.

Ein Turm mit fünf Namen in vier Jahrhunderten

Zuerst vielleicht ein Blick auf das aktuelle Bild unten, damit wir wissen, wo wir überhaupt sind: beim südwestlichen Brückenkopf der Lorrainebrücke an der Hodlerstrasse, gleich gegenüber der Schützenmatte. Hätten heutige Bernerinnen und Berner den für beide Aufnahmen gleichen Fotografenstandort allein nach dem historischen Bild lokalisieren müssen, wären sie wohl in Verlegenheit geraten — allzuviel hat sich an dieser Ecke seit 1870 verändert. Dass es eine stadtgeschichtlich wichtige Ecke ist, beweist der gedrungene Turm. Er wurde 1470 als Teil der vierten Stadtbefestigung erstellt und sorgt seither bei den Lokalhistorikern für Verwirrung, weil er in den vier Jahrhunderten seiner Existenz mindestens fünf verschiedene Bezeichnungen trug. Anfänglich nannte man ihn den Grossen Eggturm. Zu dieser Zeit diente er auch als Hochwacht, das heisst als Ausguck- und Signalturm. Solche Hochwachten oder «Chutzen» waren über das ganze Bernerland verteilt; ihre Wachtmannschaften hatten die Aufgabe, bei feindlichen Einfällen durch Signalfeuer und Mörserschüsse alle wehrfähigen Männer zu alarmieren.

Ein Dokument von 1625 bezeichnet den Grossen Eggturm nunmehr als Alten Schützenmattturm. Etwas später lautet sein Name Tillierturm (mit der poetischen Variante «der Turm bei der Frau Tillieren Garten»), während als dritte Benennung «Turm zuhinterst in Tschiffelis Baumgarten» in die Annalen eingegangen ist. Im 18. Jahrhundert wurde der Turm zum Zeughaus, und weil man hier die vom Berner Artillerieobersten Johann Rudolf Wurstemberger konstruierten Hinterladerkanonen aufbewahrte, kam die Benennung Wurstembergerturm auf. Das 19. Jahrhundert fand dann in Anlehnung an die in den altgewordenen Mauern magazinierte Munition den fünften Namen: Granatenturm.

Ein Schlosser kaufte den Egg-Tillier-Tschiffeli-Wurstemberger-Granatenturm im Jahre 1874 der Stadtverwaltung ab baute an dessen Stelle ein Wohnhaus. Die sich gegen die Aare hinunterziehende Stadtmauer blieb in ihrem unteren Teil samt dem Blutturm unmittelbar am Ufer erhalten: ein letzter grösserer Überrest der einst so ausgedehnten Befestigung.

Zug statt Ross: Symbolik auf der Schützenmatte

Brücken können ein Stadtbild bereichern oder verschandeln — manchmal beides gleichzeitig. Auf dem Bild unten ist im Bereich der Schützenmatte der Beginn des Eisenbahnviadukts zu sehen, der vom Hauptbahnhof über die Aare nach Norden führt. Diese weitestgespannte viergleisige Eisenbahnbrücke Europas, 1941 mit einem Kostenaufwand von 17 Millionen Franken fertiggestellt, überwindet mit ihrem grossen Bogen volle 150 Metter und liegt 43 Meter über dem Wasserspiegel. Anschliessend setzt sich das Brückenwerk entlang des rechten Aaretalhangs fort und erreicht so eine Gesamtlänge von 1100 Metern.

Hier erkennen wir den Anfang dieses imposanten Bauwerkes. Wohin zieht wohl die Lokomotive ihren Zug? Entweder nach Interlaken oder Brig. Weitere Linien führen nach Biel, Basel, Zürich und Luzern. So beeindruckend der Viadukt über der Aare auch ist und so wichtig für die Verkehrsverbindungen von oder nach Bern — der Eingriff bei der Schützenmatte wirkt brutal. Wie harmonisch erscheint doch das obere Bild von der Jahrhundertwende mit der damals noch brandneuen Reitschule. Diese Städtische Reitschule wurde 1895-1897 auf der Schützenmatte errichtet, weil ihre Vorgängerin am Kornhausplatz dem Neubau des Stadttheaters Platz machen musste. Damals und noch weit in unser Jahrhundert hinein kam der Reitkunst eine grosse Bedeutung zu: In der Stadt galten Besitz und Gebrauch von Reitpferden als Statussymbol.

Symbolisch auch die Verdrängung des Pferdes durch moderne Verkehrsmittel, wie sie bei der Gegenüberstellung der beiden Bilder offenbar wird: Der Zug hat das Ross abgelöst, und auch das Automobil ist präsent — in Form der Reklame für eine Autofahrschule. Wo einst auf freiem Feld der Schützenmatte die Reitpferde galoppierten, donnert heute die Eisenbahn vorüber, und aus dem Naturboden ist ein öder Parkplatz geworden, der nur zweimal im Jahr zum Leben erwacht — wenn die Schausteller mit ihren Buden und Attraktionen die Schützenmatte in Besitz nehmen. Der Flurname geht übrigens auf eine frühere Nutzung zurück: Bis nach der Mitte des 19. Jahrhunderts übten sich hier die Schützen der Stadt im Gebrauch ihrer Waffen.

Wehrhaft und einig: Impressionen vom Bollwerk

Relativ rasch hatte sich Bern nach seiner Gründung 1191 als regionale Grossmacht etabliert und brauchte fortan keine Feinde zu fürchten. Dennoch umgaben sich die sicherheitsbewussten Städter mit den Wehranlagen ihrer Zeit — zuerst turmbewehrten Stadtmauern, dann im 17. Jahrhundert auf ihrer nicht durch die Aare geschützten Westseite mit ausgedehnten Schanzen. Als Bestandteil der Grossen Schanze, auf der heute das Hauptgebäude der Universität thront, entstand nach 1622 das Bollwerk. Diese Bezeichnung trägt nun die starkbefahrene Verkehrsachse zwischen Schützenmatte und Bahnhofplatz, wie auf dem unteren Bild zu sehen. Linkerhand ist die alte Hauptpost von 1905, rechts der moderne Bahnhofkomplex aus Stahl und Glas, der die auf der historischen Foto erkennbaren Bauten des einstigen Hauptbahnhofs (ganz hinten) und der Kavalleriekaserne ersetzt.

Nicht ganz leicht zu deuten bleibt das an einen griechischen Tempel erinnernde Säulentor mit dem Schweizerkreuz und der Aufschrift «soyons unis» — bleiben wir einig. Offenbar handelt es sich um eine kurzlebige Konstruktion im Zusammenhang mit einem der vaterländischen Feste, wie sie in der zweiten Hälfte des 19. Jahrhunderts ja recht häufig stattfanden. Das sich über die Bollwerkstrasse spannende Säulentor verleiht dem Äusseren Aarbergertor, von dem das Gitter, zwei wachthabende Bären sowie die beiden Wachthäuschen zu sehen sind, eine friedliche Note.

Das Äussere Aarbergertor war in erster Ausführung gleichzeitig mit der Grossen Schanze erstellt worden und machte 1826 der auf unserer Foto sichtbaren Anlage Platz. Die Tieferlegung der Strasse um 1890 liess dann die Eisengitter und das östliche (von uns aus gesehen linke) Wachthäuschen verschwinden. Das westliche Wachthäuschen nahm ab 1905 ein Schulmuseum auf und musste Mitte der sechziger Jahre wie auch die anschliessende Kavalleriekaserne dem Bahnhofneubau weichen.

Diese Kavalleriekaserne am Bollwerk war 1857 errichtet worden und versah ihre militärische Zweckbestimmung bis 1932; anschliessend stand sie bis zum Abbruch 1965 den PTT zur Verfügung.

Von der alten Hauptpost hinauf zur Universität

Das oben gezeigte Bild, den Beständen der Städtischen Denkmalpflege entstammend, dürfte die jüngste aller historischen Abbildungen sein. Vermutlich stammt die Foto aus den zwanziger Jahren, wie anhand der Kleidermode und der dreiteilig verkehrenden Tramwagenzüge festgestellt werden kann. Auch scheint, obwohl keine Autos herumflitzen, die Strassenszene hektischer geworden zu sein: Die gute alte Zeit der Gemächlichkeit ist vorbei.

Wenden wir unsere Aufmerksamkeit nun dem Gebäude am rechten Bildrand zu. Es ist die alte Hauptpost, ihres Standortes am einstigen Befestigungsring wegen auch Bollwerkpost geheissen. Sie wurde 1905 eröffnet und diente als Hauptpost, bis 1965 dann die moderne Schanzenpost im Bahnhofkomplex ihren Betrieb aufnahm. Die Jahre haben dem massiven Gebäude wenig anhaben können, und noch immer befindet sich im Erdgeschoss ein — aus heutiger Sicht fast nostalgisch anmutendes — Postbüro.

Wo die alte Hauptpost steht, erhob sich im letzten Jahrhundert das 1840 fertiggestellte Grosse Zuchthaus, die für 460 Insassen gebaute und mit 700 Sträflingen chronisch überbelegte grösste Strafanstalt der Schweiz. In auffällige Gewänder gekleidet und zum Teil angekettet mussten die Häftlinge in den Strassen Berns zwangsweise Reinigungsarbeiten verrichten.

Im Mittelgrund fallen beim Vergleich der beiden Bilder die durch den Bahnhofneubau verursachten Veränderungen auf. Bei allen architektonischen Unterschieden ist die verkehrstechnische Lage indes gleichgeblieben: Wir bemerken den Treppenaufgang vom Bollwerk hinauf zum Hauptgebäude der Hochschule — mal in alter, mal in neuer (und nun über die starkbefahrene Strasse hinweggeführte) Konstruktion.

Das Universitätsgebäude im Hintergrund wurde 1903 feierlich eingeweiht und ersetzte die alte Hochschule am Nordende der Kirchenfeldbrücke, welche dem Casino-Neubau weichen musste. Ein starkes Wachstum der Studentenzahlen in der zweiten Hälfte des letzten Jahrhunderts hatte die Verlegung notwendig gemacht: Um 1850 hatte man noch weniger als 200 Studenten gezählt, um 1900 waren es dann deren 1000 — und einige wenige Studentinnen.

Berns erster Bahnhof war ein Kopfbahnhof

Wer weiss denn noch, dass dort, wo sich der moderne Hauptbahnhof erhebt, einst das Berner Zuchthaus für Schwerverbrecher stand? Eine Ironie der Geschichte: Der Ort oft lebenslänglichen Eingesperrtseins wich einer Institution, welche Menschen in die Ferne führt. Schallenwerk oder auch Schallenhaus hiess der düstere Bau von 1729, der 1784 erweitert wurde und 180 Insassen aufnehmen konnte. 1856 wurde er abgebrochen, weil die Schweizerische Centralbahn als Vorläuferin der SBB Platz zur Einführung ihrer Geleise in den Bahnhof brauchte.

Diese Einfahrt ist auf dem oberen Bild aus der Zeit um 1880 zu sehen. Damals war Berns Hauptbahnhof noch ein Kopfbahnhof; die Geleise endeten also in einer Sackgasse. Welche Probleme damit verbunden sind, sieht man etwa in Zürich oder in Luzern: Lokomotivwechsel und Rangierfahrten brauchen viel Zeit und Platz. Anders als in den beiden genannten Städten, wo der Bahnhof aus baulichen Gründen gewissermassen in der Falle sitzt, konnte sich Bern beim ersten Bahnhofumbau von 1889-1891 vom Konzept der Kopfbahnhofs lösen und, da reichlich Raum zur Verfügung stand, einen Durchgangsbahnhof errichten. Die architektonische Konzeption des Hauptgebäudes blieb dabei im wesentlichen unverändert.

Rasch wuchsen in der Folge Stadt und Verkehr. Schon kurz nach der Jahrhundertwende tauchten Projekte zur Bahnhoferweiterung auf, verbunden zum Teil mit einer Standortverlagerung. Diese Diskussionen erreichten 1956 ihren Höhepunkt und gleichzeitig ihren Abschluss: In einer Volksabstimmung wurde beschlossen, den nun dringend notwendig gewordenen Neubau an der gleichen Stelle und nicht einige hundert Meter weiter westlich an der Laupenstrasse aufzuführen. 18 Jahre lang, bis 1974, dauerte dann die radikale Umgestaltung, bei der kein Stein auf dem andern blieb. Ausser dem alten Bahnhof mussten zahlreiche weitere Gebäude weichen, so die auf dem oberen Bild links sichtbare ehemalige Transitpost, erbaut 1860. Weil der neue, unterirdische Bahnhof wesentlich mehr Platz beanspruchte, wurde ein Teil der Grossen Schanze abgetragen. Damit sind wir wieder bei der Symbolik: Das Festungswerk hat zugunsten des völkerverbindenden Fernverkehrs ausgedient.

Nur eine Kirchturmspitze hat die Zeiten überdauert

Das obere Bild gehört zum Archivbestand der Berner Burgerbibliothek. «Vollenweider» steht auf dem undatierten Abzug. Wer könnte der Fotograf gewesen sein, und von wann ungefähr stammt die Aufnahme? Über die Person gibt uns das Historisch-biographische Lexikon der Schweiz bereitwillig Auskunft. Ein 1824 geborener Johann Vollenweider aus Eugstertal im Kanton Zürich habe sich um 1860 in Bern als Fotograf niedergelassen und hier bis zu seinem Tode 1898 gearbeitet; auch sein Sohn Emil (1849-1921) sei Fotograf geworden.

Mithin wäre die Familie lokalisiert. Das Datum der Aufnahme lässt sich mit Hilfe zweier Gebäude recht genau eingabeln: Es muss nach der Inbetriebnahme des Berner Hauptbahnhofes im Frühling 1860, aber noch vor der Zerstörung des Christoffelturms (hinten rechts auf dem Bahnhofplatz) im Frühling 1865 geschehen sein. Auf den Auslöser gedrückt hat sicher Vater Johann, denn Emil war damals noch zu jung. Die meisterhaft komponierte Aufnahme mit der qualmenden Dampflok ist eine der ältestes Fotografien aus der Stadt Bern.

Im Juni 1857 schon, als eben mit dem Bau des Bahnhofes begonnen wurde, erreichte das Geleise der damaligen Schweizerischen Centralbahn (SCB — heute trägt die Berner Eishockeymannschaft diese Abkürzung) die provisorische Endstation auf dem Wylerfeld vor der Stadt. Noch bevor das Bahnhofgebäude fertiggestellt war, wurde die Linie nach Thun eröffnet. 1860 folgte dann die Verbindung Richtung Westschweiz, vorderhand allerdings nur gerade bis Thörishaus an der bernisch-freiburgischen Kantonsgrenze. Kurz nach der Jahrhundertwende ging die vordem private SCB in Staatsbesitz über. Sie bildete, wie auch die Jura-Simplon-Bahn, ein Kernstück der Schweizerischen Bundesbahnen SBB. Zum SBB-Verwaltungsgebäude wurde das 1877 erbaute Direktionsgebäude der Jura-Simplon-Bahn auf der Grossen Schanze über dem Berner Hauptbahnhof gewählt. Der Volksspott nannte das massive Sandsteingebäude bald einmal «Faulhorn» (warum wohl?).

Wie dem auch sei, jedenfalls hat das «Faulhorn» die Stürme der Zeit überstanden und durch Anbauten sogar noch an Substanz zugelegt. Der Hauptbahnhof musste 1957 dem 1974 fertiggestellten Neubau Platz machen. Vergleicht man die beiden Fotos, so ist zu sehen, dass ausser dem Gurten im Hintergrund nur gerade die Spitze der Heiliggeistkirche bis heute überdauert hat, und dass nun parkierte Autos das Bild des Bahnhofs prägen.

Während 500 Jahren endete hier die Stadt

Ein weiter Platz, wie schön! Verkehrsplanern und Parkraumstrategen muss beim Anblick des oberen Bildes vor Freude das Herz im Leibe hüpfen. Freilich ist der freie Raum teuer genug erkauft worden: Wenige Jahre bevor die Foto entstand, fiel im Frühling 1865 der altehrwürdige Christoffelturm dem Abbruchwahn zum Opfer. Damit verlor die Stadt Bern zwar eines ihrer Wahrzeichen, gewann aber die verkehrstechnisch so erwünschte Manövrierfreiheit auf dem damals noch jungen Bahnhofplatz.

Vorerst machten nur einige Pferdegespanne von der neuen Freiheit Gebrauch. Nach 1950 aber nahm die zunehmende Motorisierung den Bahnhofplatz in Besitz: Der stockende Kolonnenverkehr vor dem legendären «Loebegge» (auf dem unteren Bild vorne links) wurde zum Begriff, als sonst noch kaum irgendwo ein Stau auftrat. Eine später vorgenommene Verkehrslenkung führte dann zu grossräumiger Umfahrung und machte den Bahnhofplatz wenigstens teilweise zum Reservat für Fussgängerinnen und Fussgänger. An den 1346 fertiggestellten Christoffelturm erinnert noch die Christoffelgasse, die vom Bahnhofplatz in Blickrichtung gegen Süden zur Bundesgasse führt (die Hügelsilhouette im Hintergrund des historischen Bildes ist der Gurten). Mit Christoffels Fall anno 1865 fiel ein Zeuge, der gute 500 Jahre Stadtgeschichte miterlebt hatte. Ertaunlich genug: Nach der Gründung 1191 wuchs Bern von Osten her recht rasch bis auf die Höhe des heutigen Bahnhofplatzes und hielt dann während eines halben Jahrtausends in der Entwicklung nahezu inne. Erst um die Mitte des 19. Jahrhunderts erfolgte ein neuer Schub, und der damals in Gang gekommene Bauboom ist noch immer nicht um Stillstand gekommen. Zwischen etwa 1350 und 1850 beschränkte sich der Stadtwandel im wesentlichen auf die Erneuerung der vorhandenen Bausubstanz: Die anfänglich aus Holz bestehenden Häuser wurden durch Steinbauten ersetzt, niedrige Gebäude zum Zweck des Platzgewinnes aufgestockt. Dieser Prozess ist zwischen Untertorbrücke und Bahnhofplatz zum Abschluss gekommen: Bauvorschriften verhindern, dass Hochhäuser das einheitliche Bild der Berner Altstadt zerstören.

Christoffels Todesurteil fiel sehr knapp aus

Eines der ältesten Fotodokumente von Bern zeigt den Christoffelturm auf dem Bahnhofplatz. Die Aufnahme stammt aus der Zeit um 1860, kurz bevor diese Schlüsselstelle der alten Stadtbefestigung niedergerissen wurde. Gut zu erkennen ist die überlebensgrosse Holzstatue des heiligen Christophorus; rechts im Bild das Ostportal der Heiliggeistkirche.

Es ist müssig sich auszumalen, wie Bern aussähe, wenn neben dem Zeitglockenturm und dem Käfigturm auch der Christoffelturm die Stürme der modernen Zeit überstanden hätte. Heute jedenfalls würde man ihn wohl nicht so sehr als Verkehrshindernis, sondern als Bereicherung des Stadtbildes und als Touristenattraktion ansehen.

Nach langen Meinungskämpfen fiel das Todesurteil für den Christoffelturm in der Gemeindeversammlung vom Dezember 1864 denkbar knapp aus: 411 Stimmen traten für die Erhaltung des mittelalterlichen Wehrturms ein, während deren 415 den Abbruch forderten. Christoffels Freunde klagten, den Ausschlag gegeben hätten «flottante Elemente der Bevölkerung, welche mit der Vergangenheit unserer Stadt nicht verwachsen sind, mit der Zukunft derselben nur in sehr losem Zusammenhang stehen und mithin kein Herz für sie haben». Umgekehrt machten die Befürworter des Abbruchs geltend, der alte Turm seine eine Schande für die Stadt, «baufällig, hässlich und unreinlich».

Erbaut worden war der Christoffelturm in den Jahren 1344-1346 als Bestandteil der vierten Stadtmauer, welche Bern im Westen zu schützen hatte. Während gut 500 Jahren bildete der Turm den eigentlichen Hauptzugang zur Stadt. Die fast zehn Meter hohe Heiligenfigur aus Lindenholz datiert von 1498. Nach der Reformation wurde Christophorus verweltlicht: Anstelle eines Jesuskindes trug er fortan Waffen und musste einen grimmigen Torwächter spielen. Beim Volk blieb er aber der populäre Jesusträger Christophorus.

Sein Verschwinden wurde weiterum bedauert. Kulturhistoriker sprachen nach dem knappen Abbruchentscheid vom «schwarzen Jahr 1864». Heute erinnert nur noch die Christoffelgasse an den einstigen Wehrturm — und eine Nachbildung des Riesenkopfes in der Bahnhofunterführung an die hölzerne Figur.

Eine Lektion in «Wirtschaftsgeographie»

Bern hat immer schon eine reiche Tradition von Wirtschaften oder, wie die Einheimischen zu sagen pflegen, von «Beizen» gekannt. Unzählbar viele Lokale für jeden Geschmack wurden im Laufe der Jahrhunderte eröffnet; sie florierten oder fallierten, wechselten Besitzer und/oder Namen, verschwanden schliesslich auch wieder. Am Beispiel der Schauplatzgasse zwischen Bahnhofplatz und Bärenplatz (sie ist eine Parallelstrasse zur Spitalgasse) wollen wir etwas «Wirtschaftsgeographie» betreiben. Als Vorlage dient uns wie gewohnt ein Paar Fotos vom gleichen Standort aus, mit Blick stadtabwärts Richtung Bärenplatz.

Die obere Aufnahme wird kurz nach der Jahrhundertwende entstanden sein. Das im Vordergrund sichtbare Restaurant hatte gerade wieder einmal einen neuen Besitzer namens Della Casa erhalten, der mit südländischem Stolz das Lokal nach sich selber benannte. Das Haus war kurz vor 1700 erbaut worden und hat als eines der wenigen aus dieser Epoche in der oberen Altstadt überlebt. Ab etwa 1800 wurde es zur Wirtschaft. «Café Fédéral» hiess es nach 1848 zu Ehren der Ernennung Berns zur Bundesstadt; später trug es die Bezeichnung «Café Frick». Das von aussen so bescheiden aussehende Della Casa, im Voksmund liebevoll «Deli» genannt, ist bekannt für seine bürgerliche Küche und als Treffpunkt von Politikern ebensolcher Ausrichtung. Neben dem Restaurant Della Casa erkennen wir auf dem unteren Bild das Hotel Bristol, an dessen Stelle früher das Gasthaus Storchen stand. Das «Bristol» wurde 1913 erbaut und brach mit dem Brauch, die besseren Berner Hotels mit französischen Namen zu versehen («France», «De la Poste»; «De la Suisse», «Bellevue-Palace»). Bodenständig bernisch kommt indessen das Hotel Bären auf dem oberen Bild daher. Der Bau von 1860 wich 1958 einem moderneren «Bären».

Ihrer Liebe zu den «Beizen» geben die Bernerinnen und Berner gerne mit Wortspielen Ausdruck. Verbreitet sind Koseformen wie Deli für «Della Casa», Düti für das vornehme «Du Théâtre» am Theaterplatz oder Piri für die Szenekneipe «Pyrénées» am Kornhausplatz. Auch Drastischeres kommt vor: Stammgäste der «Drei Eidgenossen» an der Rathausgasse bezeichnen ihr Restaurant etwa als «die sechs Arschbacken».

Der Bundesplatz als Marktplatz und als Parkplatz

Der Kanton Bern ist der bedeutendste Landwirtschaftskanton der Schweiz, und die Stadt hat immer schon rege Beziehungen zur umgebenden Landschaft gepflogen. Meist waren diese für beide Seiten durchaus erspriesslicher Natur. Einzig der Bauernkrieg von 1653, als aufständisches Landvolk gegen die Stadt gezogen kam, im Kampf mit den gutbewaffneten Truppen der Gnädigen Herren aber unterlag, trübte für eine Weile das Einvernehmen (zumal sich die Gnädigen Herren nach dem Aufstand höchst ungnädig zeigten und die Bauernführer, darunter den populären Emmentaler Niklaus Leuenberger, hinrichten liessen).

Wichtigste Begegungsstätte zwischen Stadt und Land war und ist der zweimal wöchentlich stattfindende Markt. Hier treffen sich Produzenten und Konsumenten zum Gespräch, hier entstehen auch langjährige Geschäftsbeziehungen: Beim Einkaufen am Marktstand weiss man, woher die Ware kommt und wer sie erzeugt. Jeweils am Dienstag- und Samstagvormittag bieten die Bäuerinnen und Bauern aus der Umgebung ihre Frischprodukte an. Früchte, Gemüse und Blumen werden im Bereich Bärenplatz — Bundesplatz — Bundesgasse feilgeboten, während der Fleischmarkt seinen Standort an der Münstergasse hat. Das muntere Markttreiben ist verständlicherweise ein beliebtes Fotomotiv für die Touristenscharen: Wo sonst kann man in einer grösseren Stadt auf so ausgedehntem Raum unter freiem Himmel regelmässig frische Lebensmittel kaufen?

Das obere Bild zeigt eine Marktszene um die Jahrhundertwende auf dem Bundesplatz (der damals Parlamentsplatz hiess), als noch keine Touristenkameras klickten. Nur unser Berufsfotograf, dessen Name leider nicht überliefert ist, hielt die Szene fest, wobei er die Aufnahme aus einem Fenster des neuerbauten Parlamentsgebäudes machte. Die Wiederholung von 1989 zeigt das andere Bild des Bundesplatzes: Die meiste Zeit dient er als Abstellfläche für Autos. Verändert hat sich seit der Jahrhundertwende auch die Nordfassade des Platzes. Zur Freude volksnaher Parlamentarier, die dort gerne ihr Bierchen trinken, ist das Café Fédéral, das heute etwa vornehmer Restaurant Fédéral heisst, der Umgestaltungswelle entgangen.

Dem Bundeshaus musste das alte Casino weichen

Nein, eine tiefere Symbolik ist wohl nicht in der Tatsache zu sehen, dass der Mittelbau des Bundeshauses (erbaut 1894-1902) ausgerechnet an die Stelle des alten Casinos von 1821 (mit der Anschrift «Weinhandlung») zu stehen kam. Als in den Jahren um 1870 die obere Aufnahme gemacht wurde, gab es erst den 1857 bezogenen Bundeshaus-Westflügel wenig ausserhalb des rechten Bildrandes. Damals sprach natürlich auch noch niemand vom Bundesplatz, wie er sich im unteren Bild so typisch präsentiert. Das Casino und die übrigen dem Abriss geweihten Gebäude säumten einen gepflästerten Platz, der Oberer Graben genannt wurde, weil er im 18. Jahrhundert zur Stadtbefestigung gehört hatte. Bis 1909 hiess der Bundesplatz übrigens Parlamentsplatz. In der Schweizerischen Landesbibliothek (ebenfalls in Bern beheimatet), deren Bildarchiv für unser Buch manche historische Foto zur Verfügung gestellt hat, findet sich auch eine anonyme Schrift aus dem Jahre 1882 zum Thema der Stadtentwicklung. Danach habe Bern gute Aussichten, in der zweiten Hälfte des 20. Jahrhunderts — also in unseren Tagen — die Hauptstadt eines vereinigten Europas zu werden. Auch wenn nun die Wahl auf Brüssel in Belgien gefallen ist, wollen wir doch einige Punkte aus dem vor mehr als 100 Jahren entwickelten Szenarium herausgreifen.

Die neue Stellung als politisches Zentrum des «allgemeinen europäischen Staatenbundes auf republikanischer Grundlage» verleiht der behäbigen Mutzenstadt einen gewaltigen Wachstumsimpuls. Innert weniger Jahrzehnte nähert sich die Bevölkerung der Millionengrenze. Emsig wird die Industrialisierung vorangetrieben — ein Kranz von Eisenwerken mit ihren rauchenden Schloten umgibt die Siedlung. Die Aare ist kanalisiert und zum Verkehrsweg ausgebaut; sogar Hochseeschiffe können bis ins Herz des Binnenlandes Schweiz vordringen. Und der Luftverkehr? Da es 1882 noch keine Motorflugzeuge gab, stellte sich unser phantasievoller Freund vor, Luftballone würden die Verbindung in alle Kontinente herstellen. Ja, sogar an die Kommunikation mit Ausserirdischen ist gedacht: Das astronomische Observatorium der Europahauptstadt Bern pflegt regen Blinklichtkontakt mit den Marsbewohnern. Ist's erfreulich oder bedauerlich, dass die Entwicklung dann einen anderen Gang genommen hat?

Gewaltsam eroberte die Nationalbank ihren Platz

«Kein Geldwechsel» steht am Portal der Nationalbank am Ostende des Bundesplatzes (unteres Bild) angeschrieben. Immer wieder kommt es vor, dass Touristen hier am Hort der harten Schweizer Währung ihre Dollars, Francs oder Lire umtauschen möchten. Nein, die Nationalbank als währungspolitisches Instrument der Eidgenossenschaft befasst sich nicht mit Kleingeld. Sie kauft und verkauft in grossem Umfang Devisen, kontrolliert so gut es geht die umlaufende Geldmenge und hütet — unter anderem in Form von Goldbarren, die gutgesichert im Untergeschoss eingelagert sind — die Währungsreserven des Landes.

Der Boden, auf dem die 1911 fertiggestellte Nationalbank steht, stand schon vorher im Dienste des Geldes: Hier wohnte nämlich der Berner Bankier, Grossrat und Kunstsammler Friedrich Bürki in einem während des 18. Jahrhunderts erbauten Hauses. Dieses zweistöckige Herrschaftshaus, nach seinem Besitzer Bürkihaus genannt, ist auf dem oberen Bild zu sehen, das um die Jahrhundertwende entstanden sein dürfte (jedenfalls zeigt der Münsterturm im Hintergrund bereits seine neue Form).

Bankier Bürki starb 1880 im Alter von 61 Jahren. Als die sich in Ausdehnung befindliche Bundesverwaltung Interesse für das zentral gelegene Bürkihaus anmeldete, zeigten die neuen Besitzer den Behörden die kalte Schulter. So musste die Eidgenossenschaft zum Mittel der Enteignung greifen: 1896 ging das für den Bau der Nationalbank vorgesehene Grundstück in öffentliche Hände über. Noch aber hatte das Bürkihaus eine Gnadenfrist: Bis zu seinem Abbruch 1908 diente es als Verwaltungsgebäude.

Wie aus der Schinkengasse
die Amthausgasse wurde

Die Amthausgasse verläuft parallel zur Marktgasse, liegt also im oberen Teil der Altstadt. Schon recht früh wurde dieses Areal überbaut, nämlich 1228 im Rahmen einer Stadterweiterung: Graf Peter von Savoyen, der damals nach dem Tod von Stadtgründer Herzog Berchtold V. von Zähringen Schirmherr über Bern war, verlegte die Stadtgrenze vom Zeitglockenturm weiter nach Westen zum Käfigturm.

Dem ebenso lehrreichen wie kurzweiligen Historisch-topographischen Lexikon der Stadt Bern von Berchtold Weber (erschienen 1976 in der Schriftenreihe der Berner Burgerbibliothek) ist zu entnehmen, dass die heutige Amthausgasse erstmals 1320 in einer Urkunde Erwähnung findet, und zwar unter dem appetitlichen Namen Schinkengasse. Ab 1740 ist die Bezeichnung Judengasse überliefert, die 1798, nach dem Einmarsch der französischen Invasionstruppen, in Bürgergasse abgeändert wird. Im 19. Jahrhundert ist's recht verwirrlich: Zuerst eine Rückbenennung in Judengasse, dann der Name Falkengasse (nach dem damaligen Hotel «Falken», dem ersten Haus am Platz), schliesslich seit 1878 Amthausgasse. Nur gerade 22 Jahre lang stimmte dieser Strassenname nun mit den Tatsachen überein: Im August 1900 wurde das Amthaus — das Verwaltungsgebäude des Amtsbezirks Bern — von der Amthausgasse in den Neubau an der Hodlerstrasse verlegt; die Amthausgasse behielt aber ihre Bezeichnung bei.

Während die mehrmalige Umbenennung im Strassenbild keine Spuren hinterlassen hat, sorgte der auf der historischen Aufnahme im Vordergrund zu sehende Amthausgassbrunnen für optische Abwechslung. Installiert wurde der klassizistische Brunnen mit seinen beiden Achteckbecken im Jahre 1837; er ersetzte einen Brunnen von 1789. 1880 erhielt der Amthausgassbrunnen die Figur des Venners (Bannerträgers) aufgesetzt, die 1542 durch Hans Gieng geschaffen worden war und lange Zeit einen Brunnen am Nydeggstalden geschmückt hatte. 1913 musste der Brunnen samt Figur dem zunehmenden Verkehr weichen — heute ist der Vennerbrunnen in neuer Aufstellung auf dem Rathausplatz zu bewundern. Bei den gegenwärtigen Verhältnissen an der Amthausgasse wäre dieses Baudenkmal ohnehin nur ein lästiges Hindernis.

Als neben dem Bundeshaus
noch das Inselspital stand

Im Vordergrund hat sich seit 1880 nicht viel verändert. Das dreiflüglige Gebäude mit dem Flachdach in der Mitte ist das erste Bundeshaus, erbaut in den Jahren 1851-1857. Anfänglich hiess das durch Architekt Friedrich Studer ausgearbeitete Gebäude Bundesratshaus, weil hier die Regierung der Schweizerischen Eidgenossenschaft, der siebenköpfige Bundesrat, den Amtssitz hatte. Als dann später die stetig anwachsende Verwaltung nach Ergänzungsbauten rief, wurde das Bundesratshaus in Bundeshaus West umbenannt. Übrigens hatte die Stadt Bern das Bundesratshaus finanziert, gewissermassen als Abgeltung für die Ehre, Bundesstadt sein zu dürfen. Nach Gründung des modernen Bundesstaates 1848, dem der Sonderbundskrieg zwischen protestantischen und katholischen Kantonen vorangegangen war, stellte sich die Frage, wo die neugeschaffene Zentralregierung sich niederlassen sollte. Das behäbige Bern siegte damals über das dynamische Zürich: Seither hat sich die Mutzenstadt an der Aare zur Verwaltungsmetropole, Zürich hingegen zum schweizerischen Wirtschaftszentrum entwickelt.

Schon bald nach dem Bezug im Jahre 1857 genügte das Platzangebot im Bundesratshaus den Ansprüchen einer mit wachsenden Aufgaben konfrontierten Verwaltung nicht mehr. Im Osten des ersten Gebäudes wurde in den Jahren 1888-1892 symmetrisch dazu das Neue Bundesratshaus errichtet, später Bundeshaus Ost genannt. Ihm hatte das traditionsreiche Inselspital Platz zu machen. Auf dem oberen Bild ist das massive Krankenhaus von 1724 zu erkennen. Vor seinem Abbruch 1888 und der Verlegung an den heutigen Standort zwischen Murtenstrasse und Freiburgstrasse beherbergte es um die 200 Patientinnen und Patienten.

Der von drei Kuppeln gekrönte Mittelbau des Bundeshauses, wo sich auch das aus Nationalrat und Ständerat bestehende eidgenössische Parlament versammelt, entstand 1894-1902 nach Plänen von ETH-Architekturprofessor Friedrich Auer, der bereits das Bundeshaus Ost projektiert hatte.

Wohin ist Sprünglis Bibliothekgalerie entschwunden?

Diese auffällige Fassade in der Mitte des oberen Bildes haben sicher schon alle Bernerinnen und Berner gesehen — freilich nicht am einstigen Standort an der Hotelgasse. Richtig, am Thunplatz im Kirchenfeldquartier schmückt das barocke Sandsteingebilde den dortigen Brunnen.

1775 baute der Berner Architekt und Steinwerkmeister Niklaus Sprüngli (1725-1802) die sogenannte Bibliothekgalerie, einen Annex zur links sichtbaren Stadtbibliothek. Das von Kennern als schönstes Barockgebäude der Stadt bezeichnete Haus diente während des ganzen 19. Jahrhunderts als Museum. Zuerst, nämlich 1801, nahm es die ornithologische Sammlung von Pfarrer Daniel Sprüngli, einem Verwandten des Architekten, auf. Dies führte zur volkstümlichen Bezeichnung «Vögelibibliothek». Sprünglis damals europaweit bekannte Vogelkollektion wurde in der Folge zu einem Naturhistorischen Museum erweitert; dieses bezog 1881 einen Neubau an der Hodlerstrasse und wurde 1936 ins Kirchenfeldquartier verlegt.

Neben den Naturalien waren in der Bibliothekgalerie auch geschichtliche Gegenstände ausgestellt. Im Laufe der Zeit machte sich Platzmangel bemerkbar. So baute man in den Jahren 1892-1894 das heutige Historische Museum in Form eines Schlosses am Helvetiaplatz. Die Bibliothekgalerie musste bald darauf dem Neubau des Casinos (fertiggestellt 1908, auf dem unteren Bild links) weichen. Kulturbewusste Bürger erreichten immerhin, dass die barocke Fassade beim Abbruch gerettet und am Thunplatz als «Wasserschloss» neu aufgestellt wurde.

Der Wegfall der Bibliothekgalerie öffnete einen Durchgang von der Hotelgasse zum Casinoplatz. Gleichzeitig verschwand auch die Städtische Polizeiwache neben Niklaus Sprünglis Barockbau. So wurde Raum geschaffen für den seit Eröffnung der Kirchenfeldbrücke (1883) wachsenden Verkehr. Die Hotelgasse erhielt ihren Namen erst 1881. Zuvor hatte sie «Käsmärit» nach einem dortigen Umschlagplatz für Milchprodukte und danach Theatergasse geheissen — nach dem ebenfalls von Niklaus Sprüngli 1769 erbauten Hôtel de Musique, dem ersten Berner Stadttheater (bis 1903, heute Restaurant Du Théâtre).

Gediegen getafelt wird,
wo man einst Münzen prägte

Eine Fabrik mitten in der Stadt Bern? Der Kamin auf dem oberen Bild gehört zu einer Fabrik besonderer Art — der eidgenössischen Münzstätte. Bis ins Jahr 1911 — die Foto dürfte wenig früher entstanden sein — wurden hier die Geldstücke aus Kupfer, Nickel und (die legendären «Vreneli») aus Gold geprägt. Anschliessend wurde die Münze niedergerissen, um dem Hotel «Bellevue» Platz zu machen, und ins Kirchenfeldquartier jenseite der Aare verlegt.

Niklaus Sprüngli, der auch die nahe Hauptwache konstruiert hatte, war mit der Bauleitung der 1792 fertiggestellten Geldfabrik betraut. Damals — und noch bis 1835 — wurden aber noch keine eidgenössischen Münzen geprägt, sondern Geldstücke des Staates Bern. Bittere Stunden waren im März 1798 zu überstehen, als die in Bern einmarschierende französische Revolutionsarmee den gesamten bernischen Staatsschatz als Kriegsbeute nach Paris führte. An die einstige Münze erinnert mit seinem Namen noch der Münzrain, der vom «Bellevue» hinunter ins Marziliquartier führt. Zusammen mit dem Münzgebäude verschwand 1911 auch das Münztor am Münzgraben. Sein Schlussstein mit dem Liktorenbündel aus Bronze — das Alte Bern schmückte sich gerne mit den Symbolen des Römischen Reichs — befindet sich jetzt im Historischen Museum auf der gegenüberliegenden Seite der Kirchenfeldbrücke. Erhalten geblieben ist am Münzrain ein etwa 60 Meter langes Stück der Stadtmauer.

Der Münzgraben selber lebt noch in Form eines Strassennamens weiter, ist aber kein Graben mehr. Seit dem 14. Jahrhundert bis zu dessen Aufschüttung beim Bau der «Bellevue»-Garage 1936 standen hier Wohnhäuser; ursprünglich betrieben in diesem Einschnitt die Gerber ihr geruchsintensives Gewerbe. Heute geht's sehr vornehm zu: Im «Stadtrestaurant zur Münz», zum Hotel «Bellevue» gehörend, wird gediegen getafelt. Auf dem unteren Bild ist rechts unten die Südfassade des «Bellevue»-Parkhauses zu sehen.

Alte Freiräume verschwinden, neue entstehen

Wir befinden uns beim nördlichen Brückenkopf der Kirchenfeldbrücke, wo sich das Stadtbild in den letzten 90 Jahren vollständig gewandelt hat. Kein Stein und kein Ziegel mehr, der auf dem oberen Bild zu sehen ist, hat den Zeitenwandel überlebt. Verschwunden sind die noch durchaus ländlich anmutenden Wohnhäuser mit ihrer Dachründe über der Südfassade und dem angedeuteten Walmdach — architektonischen Eigenheiten, die sonst für Berner Bauernhäuser typisch sind. Weichen musste auch das typische Türmchen der alten Lateinschule. Das Gebäude wurde 1906 abgerissen, um dem Casino Platz zu machen, dessen Dach auf dem unteren Bild durch die noch frühlingshaft kahlen Äste der Kastanienbäume zu erkennen ist.

Heute triumphiert der Beton. Auch wenn in der winzigen Fussgängerzone am Münzgraben kein einziges Auto zu sehen ist, bestimmt doch dieses Fortbewegungsmittel das Bild: Hier stehen wir auf dem Dach des unterirdisch angelegten Bellevue-Parkhauses und geniessen den seltenen Fall, da die Blechkarrossen den Fussgängern für einmal keinen Lebensraum rauben, sondern im Gegenteil neuen schaffen.

Welch schönes Gefühl muss es gewesen sein, um die Jahrhundertwende in abgasfreier Luft ganz ohne Lebensgefahr zwischen den jetzt verschwundenen Häusern durch die Gassen zu schlendern. Wer jetzt in Bern etwas Auslauf abseits des Verkehrs sucht, hält sich am besten an die Grünzonen rings um das Stadtzentrum.

Als Ersatz für verlorengegangene Erholungsräume bieten sich etwa an: die Aareufer, welche auf weite Strecken den Spaziergängern vorbehalten sind; der Rosengarten über dem Bärengraben mit seinem prächtigen Blick auf die Altstadt; die Englische Anlage im Kirchenfeldquartier; der Botanische Garten am Aare-Nordufer unter der Lorrainebrücke; schliesslich der Tierpark Dählhölzli und — etwas weiter aareaufwärts — das Naturreservat Elfenau. Alle diese «grünen Lungen» lassen sich gut mit öffentlichen Verkehrsmitteln erreichen.

Der Blick vom Münster
zeigt das Wachstum im Westen

Als Fotograf H. Völlger im Sommer 1894 seine schwere Kamera auf den Münsterturm schleppte, sie gegen Westen richtete und die oben reproduzierte Foto schoss, zählte die Stadt Bern etwa 85000 Einwohnerinnen und Einwohner. 95 Jahre später, im Sommer 1989, wiederholten Robert Hofer und Nicolas Crispini vom selben Standort aus die Aufnahme. Zu diesem Zeitpunkt betrug die Stadtbevölkerung 135000 Seelen. Neun Jahre vorher waren es noch 145000 gewesen, 1970 gar deren 162000. Offenbar befindet sich die Bevölkerungszahl nach einem jahrhundertelangen Wachstum wieder im Rückgang. Dieser Trend gilt freilich nur für das Gebiet der Stadtgemeinde Bern; die Agglomeration ringsum, die mit der Kernstadt ein sich immer weiter in die ländliche Umgebung ausdehnendes Siedlungsgebiet bildet, frönt weiterhin fröhlichem Wachstum.

Grund für den jüngsten Bevölkerungsrückgang in Bern ist die zunehmende Trennung von Arbeitsort und Wohnort. Immer mehr Wohnungen in der Stadt werden in Büros und Dienstleistungsbetriebe verwandelt — ein Prozess, der durch die hohen Bodenpreise gesteuert wird. Erschwinglicher Wohnraum findet sich nur noch in den Aussenquartieren und Nachbargemeinden. Dies führt zu Pendlerströmen — Zehntausende strömen jeden Werktag in die City und verlassen sie am Abend wieder. Dabei werden die Verkehrsachsen regelmässig durch Autokolonnen verstopft. Die Mobilität, an sich Voraussetzung für eine Trennung von Arbeitsplatz und Wohnort, stellt sich so selber ein Bein. Vor allem in den älteren Teilen Berns kommen Parkplatzprobleme hinzu: Als die Stadt auf mittelalterlichem Grundriss gebaut wurde, konnte noch niemand um die Raumansprüche des ruhenden Verkehrs wissen.

Vom Münsterturm aus sehen wir linkerhand den Verwaltungskomplex des Bundeshauses, beim oberen Bild noch ohne Mittelbau mit den charakteristischen Kuppeln (erstellt 1894-1902). In der Mitte zieht sich die Strassenachse Amthausgasse — Schauplatzgasse gegen den Bahnhofplatz hinauf. Auf der rechten Seite sind, im aktuellen Bild optisch durch Neubauten bedrängt, die Heiliggeistkirche und der Käfigturm zu erkennen.

Matte und Marzili waren Stätten der Badelust

Vom Münsterplatz führt die Fricktreppe hinunter ins Mattequatier an der Aare. Früher eher noch als heute ist es ein Gang von einer Welt in die andere: oben die herrschaftlichen Häuser der vornehmen Bernburger, unten die Behausungen der Armen. In der oft unter Hochwassern leidenden Matte siedelte ein rauhes Volk, das sogar eine eigene Geheimsprache entwickelt hat — Mattenenglisch.

In der Matte und im angrenzenden Marziliquartier (im Hintergrund) gab es bis gegen Ende des 19. Jahrhunderts Badehäuser, von denen etliche nicht nur der Körperreinigung, sondern auch erotischen Vergnügungen dienten. Frauenheld Giacomo Casanova weilte 1760 drei Wochen lang in Bern und äusserte sich anerkennend über diese Kombination von Bad und Bordell. Weit weniger begeistert war Architekt Karl Friedrich Schinkel aus Berlin bei seinem Berner Aufenthalt im Sommer 1824. Für die Anlage der Stadt findet er zwar das Kompliment «reizend», doch die zur Schau getragene Sittenlosigkeit erschüttert ihn: «Entsetzlich war, dass wir gefragt wurden beim Eintritt ins Bad, ob wir ein 'Bain garni', das heisst eines mit einem Frauenzimmer, verlangten; auch zeigten sich viele dergleichen in den Corridoren.»

Von den Badehäusern in der Matte ist nur der Strassenname Badgasse geblieben. An dieser Badgasse stehen die auf dem unteren Bild sichtbaren Mietshäuser, nun natürlich in allen Ehren. Links aussen ist das Restaurant Schwellenmätteli zu erkennen, beliebt wegen seiner idyllischen Lage am Aareufer sowie wegen seiner Fischspezialitäten. Auch der Beginn der Schwellen ist gerade noch sichtbar. Die Anlage wurde erstellt, um einen Teil des Flusswassers ins Mattequartier zu lenken — anfänglich als Energielieferant für Mühlen, Sägen und weitere Gewerbebetriebe, später dann für die Turbinen des ersten Berner Kraftwerkes (Mattewerk, 1891 in Betrieb genommen).

Das obere Bild stammt aus der Zeit um 1880, kurz bevor die elegante Kirchenfeldbrücke mit ihren beiden Eisenbogen erbaut wurde.

Vom Münsterturm
geht der Blick Richtung Südwesten

Wo wir da stehen, ist nicht schwierig zu erraten: auf dem Münsterturm mit Blick gegen Südwesten. Die Aare zu unseren Füssen (Fliessrichtung von links oben nach rechts unten) setzt gerade zur langgestrecken Schleife an, welche eine Halbinsel aus der Landschaft modellierte und damit die Voraussetzung zur Stadtgründung bildete.

Als Fotograf H. Völlger 1894 die obere Aufnahme machte, war die Kirchenfeldbrücke im Vordergrund noch recht jung: Die mit englischem Kapital erbaute Doppelbogen-Eisenkonstruktion von 230 Metern Länge und 40 Metern Höhe datiert von 1883. Ihr verdankt das Kirchenfeldquartier die Erschliessung. Auf dem südlichen Brückenkopf sind erste Bauten aus dieser Spätepoche des 19. Jahrhunderts zu sehen.

Der Vergleich mit dem aktuellen Bild unten zeigt erstens, dass die Bautätigkeit auch in unserem Jahrhundert angehalten hat. Ganz links etwa der langgestreckte Betonbau, der unter einem Dach Alpines Museum und Postmuseum vereinigt. An der Aare unten neben der neuen Dalmazibrücke (sie ersetzt den ursprünglichen Steg) die Sportanlage Schwellenmätteli. Der Turnhalle gegenüber ist das Freibad Marzili zu erkennen, die älteste öffentliche Badeanstalt der Stadt.

Bereits im 18. Jahrhundert tummelte sich schwimmkundiges Volk in einem abgetrennten und nur mit schwacher Strömung dahinfliessenden Aarearm, wie er noch auf dem oberen Bild auszumachen ist. Einziger Nachteil dieser Naturanlage: Das Flusswasser ist meist ordentlich kühl. Daher wurde bei der jüngsten Umgestaltung des Marzilibades der Kanal grösstenteils zugeschüttet und ein modernes Schwimmbecken installiert. Nun hat man die Wahl zwischen warmem Chlorwasser und kaltem Aarewasser. Die grosse Liegewiese machte in den späten siebziger Jahren Schlagzeilen: Damals kam hier bei den Damen das Baden «oben ohne» in Mode — eine Pioniertat der Bernerinnen, die nach und nach in fast ganz Europa nachgeahmt wurde.

Zwei Dinge fallem beim Bildvergleich noch auf: Erstens die Neubauten in den Quartieren Marzili, Sulgenbach und Sandrain jenseits der Aare, und zum zweiten, wie dicht der Baumbestand stellenweise geworden ist. Jedenfalls unter diesem Blickwinkel präsentiert sich Bern als Stadt im Grünen.

Das Casino hat die alte Hochschule abgelöst

Im Gegensatz etwa zu Basel besass Bern in früheren Jahrhunderten nie eine Universität von Weltruf. Die zur Reformationszeit gegründete Hohe Schule zu Bern hatte vor allem die Aufgabe, Theologen für den Staatsdienst auszubilden. Später kam, ab 1718, auch ein juristischer Lehrgang hinzu, dessen Absolventen ebenfalls zur Hauptsache in die Verwaltung des gutorganisierten bernischen Staatswesens eintraten. Die Professur für Mathematik und Naturwissenschaften wurde 1736 ins Leben gerufen, das medizinische Institut schliesslich 1797 eröffnet.

Das obere Bild aus der Zeit um 1900 zeigt die alte, 1682 von Samuel Jenner erbaute Hochschule am Nordende der Kirchenfeldbrücke. Kurz danach bezogen Professoren und Studenten den 1903 fertiggestellten Neubau der Universität auf der Grossen Schanze beim Bahnhof. Die alte Hochschule konnte darauf abgebrochen werden, um dem Casino Platz zu machen. Mit der Eröffnung des der Burgergemeinde Bern gehörenden Casinos (Einheimische betonen den Namen auf der ersten Silbe) standen in der Stadt nun endlich genügend Räumlichkeiten für grössere Anlässe zur Verfügung. Das 1908 in Betrieb genommene Casino wurde 1969 im Innern und 1989 aussen renoviert; von der Erneuerung der Sandsteinfassaden zeugen die auf dem unteren Bild eben noch sichtbaren Verschalungen der Casino-Westseite.

Die Kirchenfeldbrücke hatte zu diesem Zeitpunkt ebenfalls gerade eine umfassende Renovation hinter sich. Auffällig der brusthohe Metallzaun zum Schutz der Fussgängerinnen und Fussgänger vor dem Motorfahrzeugverkehr. Die Passanten der Jahrhundertwende, die auf dem oberen Bild so stolz auf dem noch viel breiteren Trottoir posieren, hätten sich über diese Entwicklung wohl gewundert: An ihnen ratterte nur ab und zu ein Tram oder ein Fuhrwerk vorüber — Privatautos waren weitgehend unbekannt.

Bern ist Aarestadt und Aarestaat zugleich

Keine sehr bedeutsamen Veränderungen sind auf den beiden Bilder festzustellen. Die Situation oben datiert von der Jahrhundertwende, jene unten dokumentiert den Zustand des Jahres 1989. Die Silhouette — von Skyline zu sprechen verbietet sich wohl bei Bern — der Oberstadt ist im grossen und ganzen gleich geblieben. Das monumentale Gebäude links vor dem Münsterturm heisst Stiftsgebäude, weil es 1745-1755 anstelle des einstigen Deutschordenshauses erbaut wurde; nun sitzt darin ein Teil der bernischen Kantonsverwaltung.

Bern ist ja das wichtigste Verwaltungszentrum des Landes. Da sind einmal die Gemeindebehörden, welche die Geschicke der Stadt lenken. Dann ist Bern Hauptort des gleichnamigen Amtsbezirks sowie Hauptstadt des Kantons, der sich von der Grimsel bis weit in den Jura hinein erstreckt. Und schliesslich arbeitet hier in der Bundesstadt die weitgefächerte Verwaltung der Schweizerischen Eidgenossenschaft.

Zurück zu unserem Bilderpaar. Im Mittelgrund zeigt ein Vergleich die neuen Häuser am nördlichen Aareufer. Die Schwellen im Fluss davor haben in jüngster Zeit einige Verstärkungen aus Beton erhalten. Schwellenmätteli nennt sich der Standort unserer Fotografen. Seit dem Jahre 1360 sind die Schwellen urkundlich bezeugt. Damals verkaufte sie Johann von Bubenberg der Stadt Bern, die noch jetzt Besitzerin ist. Mit dem gestauten Wasser wurden Gewerbebetriebe im Mattequartier versorgt; heute nutzt ein kleines Kraftwerk das künstlich geschaffene Gefälle. Schon immer war das Schwellenmätteli zudem ein beliebter Standort für Fischer.

Das Schicksal Berns ist eng mit der Aare verknüpft. Der Fluss, der hier eine Halbinsel geschaffen hat, bildete recht eigentlich die Voraussetzung zur Stadtgründung im Jahre 1191. Später dehnte das aufstrebende Bern seine Macht entlang des Flusses aus — flussaufwärts Richtung Oberland, flussabwärts bis fast zur Mündung in den Rhein: Zwischen 1415 und 1798 stand der grösste Teil des Aargaus unter bernischer Herrschaft.

Ein Wirtshaus
erinnert an den adligen Stadtgründer

Im Mattequartier unter der Münsterplattform steht das Restaurant «Zähringer». Der südliche Anbau, auf der oberen Aufnahme fast bildfüllend, musste 1967 der Verbreiterung der Aarstrasse weichen. Dabei verschwand auch das markante Wirtshausschild. Die gemütliche Gaststätte, auf der unteren Foto zum Anhängsel von Neubaublöcken geworden, blieb aber zum Glück erhalten.

Bevor das Restaurant «Zähringer» an der Badgasse um die Mitte des letzten Jahrhunderts eröffnet wurde, stand hier eines der Bäderbordelle, deren — je nach Einstellung schlechter oder guter — Ruf weit über Bern hinaus bekannt war. Sogar Casanova, sicher ein Kenner der Materie, äusserte sich anerkennend.

Am Ort des übelbeleumdeten Etablissements steht nun also eine Quartierwirtschaft, deren Name an den adligen Stadtgründer erinnert: Herzog Berchtold V. von Zähringen hatte 1191 bei der damaligen Reichsburg Nydegg eine befestigte Siedlung anlegen lassen, die zur heutigen 300000-Seelen-Agglomeration herangewachsen ist.

Die Gründung Berns durch den Zähringerherzog geschah aus politischen und strategischen Gründen: Kurz zuvor musste sich Berchtold V. mit dem aufsässigen Lokaladel in der Westschweiz und im Oberland herumschlagen. Obwohl er in den Gefechten von Payerne und Grindelwald Sieger blieb, suchte er seine Stellung durch die Anlage des Militärstützpunktes auf der Aarehalbinsel weiter zu festigen. Berchtold V. starb 1218 kinderlos, womit das mächtige Zähringergeschlecht erlosch.

Selbstverständlich haben die Berner ihrem Stadtgründer ein Denkmal gesetzt. Im Frühling 1847 wurde es auf der Münsterplattform enthüllt. Seit 1968 steht der Edelmann aus Erz fast etwas versteckt im Hof der Nydeggkirche — ziemlich genau an jener Stelle, wo 1191 mit dem Bau der Stadt begonnen worden war.

Als weitere Andenken an den Herzog von Zährigen sind zu nennen die Zähringerstrasse in der Länggasse, die Berchtoldstrasse im gleichen Quartier, der Zähringerbrunnen an der Kramgasse und die Studentenverbindung Zähringia. Ausser dem Restaurant «Zähringer» im Mattequartier trägt noch eine andere Gaststätte diesen grossen Namen — der «Zähringerhof» an der Hallerstrasse in der Länggasse.

Die Stadtgrenze war und ist nicht Siedlungsgrenze

Wenige Schritte vom Aufnahmestandort entfernt verläuft die Grenze zwischen den Gemeinden Bern und Köniz. Wir stehen an der Sandrainstrasse bei der Einmündung der Aarhaldenstrasse und blicken nach Norden zurück zur Stadt. Links hinter uns beginnt der Vorort Wabern am Fuss des Aussichtsberges Gurten; Wabern gehört zur Gemeinde Köniz.

Als vor gut hundert Jahren die obere Aufnahme gemacht wurde, stiess das Siedlungsgebiet Berns noch an keiner Stelle bis zur Gemeindegrenze. Heute hingegen ist diese Gemeindegrenze, welche gleichzeitig die administrative Stadtgrenze bildet, an machen Stellen mit Häusern und Strassen zugepflastert: Der Siedlungsbrei ergiesst sich gestaltlos in die Umgebung und ballt sich zur Agglomeration.

Gemeinde- beziehungsweise Stadtgrenzen sind historisch gewachsen. Müsste man für die Zukunft eine Neuaufteilung schaffen, würde man wohl Bern mit Köniz, Kehrsatz, Belp, Muri, Ostermundigen, Bolligen, Ittigen, Zollikofen, und Bremgarten zu einer einzigen Grossgemeinde verschmelzen. Eine solche Lösung, die jedoch ausser Diskussion steht, hätte den Vorteil, dass Bern nicht allein die Kosten für manche Zentrumsfunktionen trüge. Jetzt kommt es oft zu kleinlich anmutenden Feilschereien: Wieviel bezahlen die Aussengemeinden an die von ihnen mitbenutzten Dienste wie öffentliche Verkehrsmittel, höhere Schulen, Kulturstätten usw.?

Im Falle von Bern bleibt immerhin ein Trost: Kernstadt und Agglomerationsgemeinden gehören zum selben Kanton — im Gegensatz etwa zu Zürich, wo sich das «Millionen-Züri» auf mehrere Kantone verteilt, oder zu Basel, wo die Grossstadt gar über das Territorium der Schweiz hinaus nach Frankreich und Deutschland reicht.

Wegen der Vegetationsentwicklung ist ein direkter Vergleich der beiden Bilder bloss bedingt möglich. Die aktuelle Aufnahme zeigt von der Stadtberner Silhouette nur gerade das Bundeshaus. In der historischen Foto fehlt dieses Gebäude noch — und das Münster am rechten Bildrand zeigt noch die stumpfe Turmform der Jahre vor 1891.

Aussicht vom Obstberg auf Stadt und Strasse

Wir stehen am Abhang des Obstbergs, nicht weit vom Bärengraben entfernt, und blicken von Südosten her hinüber zur Altstadt mit seinem dominierenden Münster — jedenfalls auf dem oberen Bild, das vor 1891 entstanden sein muss. In jenem Jahr begann nämlich die Aufstockung des Münsterturms, wobei ein lange gehegter Wunsch von Behörden und Bevölkerung erfüllt wurde. «Als plumpe, ungegliederte Masse hat uns die Reformationszeit den Münsterthurm hinterlassen», schrieb Staatsarchivar Heinrich Türler nach Ende des Ausbaues, «und in vollendeter Schönheit und himmelanstrebender Höhe hat ihn unsere Zeit ausgebaut.»

Die Form des Münsterturms hilft Stadthistorikern beim Datieren von Bilddokumenten: Was noch den alten Turm zeigt, muss vor 1891 geschaffen worden sein; Aufnahmen mit dem Gerüst sind zwischen 1891 und 1893 entstanden (am 23. November 1893 setzten die Steinmetze der Münsterbauhütte den Schlussstein gerade 100 Meter über der Münsterplattform); Abbildungen mit dem modernen Schlankturm schliesslich stammen aus der Zeit nach 1893. Wo sich nun das Münster erhebt, stand anfänglich die romanische Stadtkirche von 1280. Mit zunehmendem Wohlstand als Folge gewachsener Macht über immer mehr Territorium wollten die Berner etwas für das Gotteslob tun — und gleichzeitig ihr Selbstbewusstsein demonstrieren. Am 11. März 1421 begann Münsterbaumeister Matthäus Ensinger aus Ulm mit der Arbeit am spätgotischen Gotteshaus. Vollendet war das Münster (bis auf die Turmspitze) im Jahre 1596. Dazwischen, 1528, hatte es die Reformation mit ihrem Bildersturm zu überstehen. Zum Glück blieben die Figuren des Jüngsten Gerichtes über dem Hauptportal verschont. Erst in unseren Tagen, als die Luftverschmutzung dem Sandstein allzu arg zugesetzt hatte, musste das mittelalterliche Meisterwerk durch eine getreue Nachbildung ersetzt werden. Links unterhalb der Münsterplattform sind die Aareschwellen beim Schwellenmätteli zu sehen. Die Erosionskraft des Flusses erforderte immer wieder aufwendige Reparaturen, und so entstand die Behauptung, der Schwellenunterhalt habe die Stadt wohl ebensoviel gekostet wie der Münsterbau.

Das moderne Bild lässt den Ausblick vermissen, zeigt dafür aber die 1941 ausgebaute Strassenverbindung des Grossen Muristaldens in die Ostquartiere.

Beton beeinträchtigt den Blick aufs Bundshaus

Als kurz nach der Jahrhundertwende die oben abgebildete Postkarte entstand, war das Bundeshaus in seiner ganzen Grösse vor kurzem erst fertiggestellt worden. Links ist als ältester Teil der Westflügel zu erkennen, erbaut 1851-1857. Symmetrisch dazu, gewissermassen als Zwilling komponiert, der Ostbau von 1888-1892, der das alte Inselspital verdrängt hatte. In der Mitte schliesslich, alle Blicke auf sich ziehend, das Parlamentsgebäude von 1894-1902. Auf diese Weise hatte die Südfront der Stadt Bern in ihrem oberen Teil während der zweiten Hälfte des 19. Jahrhunderts ein völlig verändertes Aussehen gewonnen.

Anfänglich stiess vor allem die Gestaltung des monumentalen Mittelbaues bei der Bevölkerung auf Kritik. Die drei Kuppeln aus blinkendem Kupfer würden protzig wirken und nicht zur unaufdringlichen Geisteshaltung der Berner passen, hiess es. Als mit den Jahren Grünspan die Kupferplatten überzog, verstummten diese Einwände, und heute ist der dreigliedrige Regierungspalast längst zu einem Markenzeichen der Bundesstadt geworden.

Die Zeit bleibt nicht stehen. Eine zunehmende Reglementierung des Lebens — durch unser Verhalten notwendig geworden — rief nach neuem Büroraum für die Bundesverwaltung. Gefunden wurde er unter anderem am Standort der beiden Fotos im Marziliquartier. Im Stil der Moderne (und auch wegen des schlechten Baugrundes) sparte man nicht mit Beton. Hier sind die Autoeinstellhallen zu sehen. Beim Erstellen der bei aller Wucht nicht unelegant wirkenden Sandsteingebäude am Ende des letzten Jahrhunderts brauchte es keine solchen Garagen, denn die Beamten erreichten ihre Arbeitsplätze noch zu Fuss.

A propos Verkehr: Bundesterrasse und Marziliquartier sind durch die kürzeste Drahtseilbahn Europas miteinander verbunden. Die 1885 eröffnete Marzilibahn von 105 Metern Länge überwindet 32 Meter Höhenunterschied. Spassvögel pflegen erstaunten Fremden zu erklären, beim Monumentalbau neben der Bergstation handle es sich nicht ums Bundeshaus, sondern um das Verwaltungsgebäude des Miniaturbähnchens.

Der Schützenbrunnen wechselte seinen Standort

Im Jahre 1862 besuchte der russiche Reisende Konstantin Uschinski die Stadt Bern. Er notierte sich: «Den Berner kann man schwerlich für etwas Neues begeistern. Er hat keine Angst vor den Mühen, fürchtet aber Scherereien und unnütze Ausgaben.» Sicher hat diese Wesensart mit dazu beigetragen, dass das Gesicht der Berner Altstadt sich im Laufe der Jahrzehnte nur wenig verändert hat. Nicht umsonst pilgern Fremde aus allen Ländern an die Aare, um hier ein Stück «gute alte Zeit» zu erleben.

Wir stehen an der Marktgasse und blicken stadtabwärts gegen den Zeitglockenturm, von den Einheimischen Zytglogge genannt. Natürlich hat sich trotz Uschinskis Beobachtung bernischer Bewahrungstendenz seit 1880 — damals entstand die Aufnahme von F. Frith — einiges verändert. Im Grunde sind es aber nur Kleinigkeiten, denen wir hier auf die Spur kommen möchten. Ein Blick nach oben zu den Fahrdrähten erinnert an den öffentlichen Verkehr: Für Tram und Trolleybus ist die Marktgasse Hauptverkehrsader. Autos bleiben hingegen weitgehend ausgesperrt: Berns schönste Strassenzüge wollte man nicht in Stätten des Staus verwandelt sehen. Im letzten Jahrhundert besorgen Handkarren, Fuhrwerke und Kutschen den Transport von Gütern wie von Menschen. So eine Kutsche hat (unteres Bild) zur Freude von Einheimischen und Touristen bis auf den heutigen Tag überlebt — je moderner die Welt, desto grösser das Bedürfnis nach Nostalgie.

Der auf der historischen Foto dominierende Brunnen ist zwar noch vorhanden, hat aber Standort und Blickrichtung gewechselt. Wir haben es mit dem Schützenbrunnen zu tun, dessen Figur 1543 von Meister Hans Gieng geschaffen wurde. Das Standbild des Schützenvenners (Anführer der Gewehrträger) mit Harnisch und Fahne beweist, dass die Berner im 16. Jahrhundert waffentechnisch auf der Höhe waren: Mit einer grosskalibrigen Büchse zielt das Bärlein zwischen den Beinen des Feldherrn auf entfernte Feinde. 1939 wurde der Schützenbrunnen von der Mitte der Marktgasse in die Nähe des Zeitglockenturms versetzt; seither blickt die Figur nach Westen statt nach Osten, also stadtaufwärts.

Der Zeitglockenturm, Berns wohl am meisten bewundertes Baudenkmal, lässt vor jedem Stundenschlag ein originelles Schauspiel sehen: Da kräht ein Hahn, ein Narr läutet mit Glocken, während Bären, Tambouren, Pfeifer und Reiter eine Parade abhalten.

Durch die Spitalgasse sprudelt der Stadtbach

Die Kelten des Altertums als erste Siedler in der Region errichteten sich ihre bescheidenen Wohnstätten nicht auf jener Aarehalbinsel, wo jetzt die Stadt Bern steht, sondern auf der wenige Kilometer flussabwärts gelegenen Engehalbinsel. Später hielten sich dort auch die Römer auf und bauten das Amphitheater im heutigen Rossfeldquartier. Warum, so fragten sich die Geschichtsforscher, ist die mittelalterliche Stadt dann nicht ebenfalls auf der Engehalbinsel errichtet worden?

Ein Grund liegt sicher bei der Wasserversorgung. Kelten wie Römer hatten auf ihrem Siedlungsgebiet weder eine Quelle noch einen Bach; ihren Wasserbedarf mussten sie aus der Aare decken. Bern hingegen befand sich in der glücklichen Lage, den vom Wangental im Westen heranfliessenden Bach mit wenig Mühe mitten durch ihre Stadt lenken zu können. Jahrhundertelang diente das Gewässer sowohl der Wasserversorgung (es speiste die Brunnen) wie auch der Entsorgung (als «fliessende» Kehrichtabfuhr, besonders bewährt bei der Reinigung der «Ehgräben» genannten Kloaken).

Auf Stadtgebiet ist der Stadtbach nun in den Untergrund verbannt. Er musste dem zunehmenden Verkehr auf der Hauptachse Spitalgasse — Marktgasse — Kramgasse — Gerechtigkeitsgasse weichen. Auf dem oberen Bild sehen wir die Situation beim Pfeiferbrunnen in der Mitte der Spitalgasse um 1870. Damals verlief der Stadtbach (zwischen Brunnen und Käfigturm zu erkennen) zu einem guten Teil noch offen, wobei zahlreiche Übergänge seine beiden Ufer miteinander verbanden. Die Brunnen wurden von der Anwohnerschaft, den Marktfahrern und den berufsmässigen Wasserträgern eifrig benutzt. Auch sonst hatte der Stadtbach etliche Vorteile, wie einem Reisebericht jener Zeit zu entnehmen ist: «Durch die langen Gassen läuft in der Mitte ein starker Bach mit angenehmem Geräusch. Er gibt bei der Sommerhitze eine angenehme Kühlung und bei Feuersbrünsten unverzüglich Wasser.»

Der Pfeiferbrunnen an der Spitalgasse ist einer der originellsten auf Stadtgebiet und verkörpert durch seinen Spielmann mit Dudelsack das sinnenfrohe Leben des ausklingenden Mittelalters. Brunnensäule und -figur wurden um 1545 durch Hans Gieng geschaffen.

Wo sich Bären tummelten, ist nun Fussgängerzone

Aus einem Fenster im ersten Stock des Hauses gleich neben dem Käfigturm sind diese beiden Aufnahmen gemacht worden — die erste um 1900, die zweite 1989. Zwischen 1513 und 1764 stand hier der erste Bärengraben der Stadt, weshalb der Platz noch immer Bärenplatz heisst.

Heute gehört der Bärenplatz zur Fussgängerzone in der oberen Altstadt. Nur Tram und Trolleybus sowie, mit strikten Beschränkunen, der Zubringerverkehr zum Warenumschlag dürfen jetzt zirkulieren. Um die Jahrhundertwende, als es noch kaum Motorfahrzeuge gab, mussten solche Reservate für Zweibeiner nicht eigens dekretiert werden — da beherrschten die Fussgängerinnen und Fussgänger ganz selbstverständlich das Stadtbild. Immerhin sind auf dem oberen Bild erste Ansätze des öffentlichen Verkehrs zu erkennen: Eben fährt ein Wagen der Tramlinie Bärengraben — Bremgartenfriedhof (in Betrieb genommen 1890) vorbei.

Die Geschäftshäuser an der nach links führenden Spitalgasse ersetzen in unserem Jahrhundert die älteren Bauten, bewahrten aber die für Bern so typischen Laubengänge. Auch architektonisch fügen sie sich gut in das von bürgerlich-behäbiger Sandsteinbauweise des 18. und 19. Jahrhunderts geprägte Stadtbild. Nach etlichen Auseinandersetzungen ist die Berner Altstadt 1983 ins Unesco-Verzeichnis der Weltkulturgüter aufgenommen worden. Gegner dieser Ehrung hatten bemängelt, viele der einstigen Wohnhäuser seien ausgekernt und zweckentfremdet worden — hinter historischen Fassaden gebe es vorwiegend Geschäfts- oder Büroräume, und nach Arbeitschluss würden die wenig belebten Gassen an eine Geisterstadt erinnern.

Tagsüber jedenfalls trägt an gewissen Tagen das Marktgeschehen zur Belebung bei. Der Markt als direkter Güteraustausch zwischen Land und Stadt, zwischen Produzenten und Konsumenten hat auf dem Bärenplatz Tradition. Hier wurden zuerst Heu und Holz, später auch Pferde und Kühe zum Verkauf angeboten. Heute umfasst das Angebot neben Obst, Gemüse, Kleidern und allerhand Kleinkram auch Weltanschauung: Häufig sammeln, wie auf dem unteren Bild links, politische Gruppen Unterschriften für ihre Anliegen.

Als ins Bierhübeli noch das Bierfuhrwerk kam

Es gibt Bilderpaare in diesem Buch, da muss man schon genau hinsehen: Sind die beiden Fotos tatsächlich vom gleichen Standort aus geschossen worden? Hier ist ein solcher Fall, das Bierhübeli im Brückfeldquartier betreffend. Um 1890 stand am nordwestlichen Stadtrand eine eingeschossige Wirtschaft in idyllischer Lage, gerne besucht von Ausflüglerinnen und Ausflüglern, die sich — nur wenige Schritte vom Berner Hauptbahnhof entfernt — einen Spaziergang im Grünen gönnten. Und weil das Flanieren bekanntlicherweise durstig macht, stiegen die Umsätze von Gerstensaft an sonnigen Tagen gewaltig an. Dann musten jeweils Fuhrwerke aus der nahen Brauerei Felsenau, wie auf dem oberen Bild zu sehen, Biernachschub ins Bierhübeli schleppen.

Das altehrwürdige Gasthaus Bierhübeli profitierte von seiner Lage an der Neubrückstrasse, also an jener schon früher vielbenutzten Verkehrsachse von Bern nach Norden Richtung Seeland und Jura. Ein erster Bau von 1729 brannte 1847 ab und wurde durch das auf dem oberen Bild (aufgenommen um 1890) gezeigte Wirtschaftsgebäude ersetzt. Das heutige Restaurant Bierhübeli stammt von 1913 — also aus jener Zeit, da sich rund um den Stadtkern neue Wohnquartiere auszudehnen begannen und die Kundschaft entsprechend zunahm. 1917 wurde hier sogar Geschichte gemacht: Die Gründungsversammlung der später so einflussreichen Bauern-, Gewerbe- und Bürgerpartei (BGB, jetzt Schweizerische Volkspartei SVP) fand im populären Bierhübeli statt. A propos populär: Für volkstümliche Veranstaltungen aller Art zählt das Etablissement im Brückfeld seit Jahrzehnten zu den ersten Adressen. Schade nur, dass die einheimische Brauerei Felsenau kein Bier mehr braut — und dass die geduldigen Gäule der Bierfuhrwerke längst dem hektischen Verkehr weichen mussten.

Im letzten Jahrhundert, als die Strassen ausser den Fuhrwerken auch noch den Fussgängern gehörten, war das nach links gegen die Schützenmatte abfallende Stück der Neubrückstrasse eine beliebte Bahn zum Schlittenfahren für jung und alt. Und natürlich profitierte auch das Bierhübeli-Gasthaus von diesem frühen Wintertourismus am Stadtrand von Bern.

Brunnmatt und Insel, Namen aus vergangener Zeit

Zwei Bilder, zwei Welten: Oben das Brunnmatthaus an der Kreuzung Brunnmattstrasse/Schlösslistrasse im Brunnmattquartier, wie es um die Jahrhundertwende aussah; darunter das gleiche gemütliche Haus heute, überragt von dem etwas seelenlos wirkenden Neubau der Kinderklinik auf dem Areal des Inselspitals.

Brunnmatt und Insel — beide Flurnamen haben ihre Geschichte und künden von vergangenen Zeiten. Das Brunnmatthaus stammt aus dem 16. Jahrhundert und ist eines der ältesten noch erhaltenen Gebäude in den Aussenquartieren Berns. Einst war hier die Pumpstation für die Wasserversorgung der Stadt untergebracht. Jetzt wird auch die Ortsbezeichung klar: Von der Brunnmatt her wurden die Brunnen im Zentrum gespiesen.

Weniger einfach ist die Deutung des Spitalnamens Insel. Wer sich nur an die Geländeformen hält, muss ratlos bleiben: Hier im Westen gibt es weit und breit kein grösseres Gewässer, weder Fluss noch See, und mithin auch keine Insel. Tatsächlich ist der Name im Verlauf der Geschichte verpflanzt worden: obwohl längst ein Begriff für seriöse medizinische Versorgung, schmückt sich die Insel mit falscher Etikette.

Unsere Insel-Irrfahrt beginnt 1285, knappe hundert Jahre nach der Stadtgründung. Damals wird im heutigen Brunnadernquartier (im Gegensatz zur Brunnmatt liegt es im Osten Berns) ein Zisterzienserinnenkloster gegründet. Nach kurzer Zeit ziehen die Nonnen auf eine Aareinsel unweit der Untertorbrücke, gerade unter dem Altenberg. Hier haben wir also die Herleitung des Namens Insel. Schon 1295 verlegen die Nonnen ihren Sitz ins Predigerkloster und dann, 1327, an die gegenwärtige Bundesterrasse. Bei der Reformation von 1528 wird dieses Inselkloster aufgehoben und in ein Spital umgewandelt — das erste Inselspital. 1724 nimmt ein Neubau den Betrieb auf; er muss 1888 dem nun zu errichtenden Bundeshaus Ost weichen. Das Spital wird auf die Kreuzmatte zwischen Murtenstrasse und Freiburgstrasse im Westen der Stadt verlegt: Fortan trägt dieses Areal, drei Kilometer von der Ur-Insel entfernt, den Flurnamen «Insel».

In der Länggasse gab es einst Falken und Finken

Vor etwas mehr als 10000 Jahren, am Ende der letzten Eiszeit, stiess der Aaregletscher ein letztes Mal ins Mittelland vor. In der Gegend der heutigen Stadt Bern legte er eine längere Ruhepause ein, bevor er sich, nachdem das Klima merklich wärmer geworden war, endgültig ins Hochgebirge an der Grimsel zurückzog. Als Andenken an diesen «Besuch» liess der Gletscher im Nordwesten des späteren Bahnhofgeländes einen ausgeprägten Moränenwall aus Gesteinsschutt zurück. Im 17. Jahrhundert legten die Berner hier ihre Grosse Schanze an — die Hauptbefestigung auf der nicht durch die Aare geschützten Flanke ihrer Stadt.

Zwischen der Grossen Schanze und dem Bremgartenwald dehnten sich landwirtschaftlich genutzte Flächen aus, so das Brückfeld, das Neufeld und die Muesmatt. Alle sind heute dicht überbaut. Die Verkehrsachse vom Murtentor gegen den Bremgartenwald hiess schon ab 1580 Länggasse. Im 19. Jahrhundert begann deren Besiedlung, wobei Arbeiterhäuser mit der Zeit eine bedeutende Rolle spielten: die Anfänge des sozialen Wohnungsbaues. Die ursprünglich offene, lockere Bauweise verdichtete sich zusehends, und mehrgeschossige Bauten lösten die anfänglich vorhandenen niedrigen Häuser ab. 1894 führte bereits eine Tramlinie in die Länggasse — ein Beweis für die wachsende Wichtigkeit dieses bevölkerungsreichen und gewerbefleissigen Quartiers. Unser historisches Bild zeigt die Tramschienen; es dürfte um 1910 entstanden sein. Standort ist die Kreuzung Länggassstrasse/Muesmattstrasse mit Blick stadtwärts. Rechts im Bild die alten Fabrikationsgebäude der Chocolatfabrik Tobler, welche die Länggasse zuweilen mit Kakaodüften zu überziehen pflegte. Das aktuelle Bild zeigt die moderneren Tobler-Gebäude; 1989 war die Firma freilich bereits an den westlichen Stadtrand beim Gäbelbach gezogen: Nun übertönen keine aromatischen Wolken mehr den Benzindunst. Die Länggasse als zentrumsnahes Quartier hat in besonders starkem Mass unter dem Verkehr zu leiden. An die Natur erinnern stellenweise nur noch Strassennamen. Falkenplatz und Falkenweg stellen den Bezug zu einer Falknerei (Ausbildungsstätte für Jagdfalken) des 18. Jahrhunderts her; am Finkenhubel hingegen waren früher Finkenherde eingerichtet — Fangplätze für Singvögel.

Im «wilden Westen», wo Bern zu Amerika wird

Auch wer Bern gut zu kennen glaubt, wäre beim Betrachten der oberen Aufnahme wohl ratlos — wenn nicht die aktuelle Foto des Rätsels Lösung finden hülfe: Wir stehen vor der Strassenbrücke über die Eisenbahnlinie beim Güterbahnhof im Westen der Stadt. Dieser «wilde Westen», der sich in den Quartieren Bümpliz und Bethlehem fortsetzt, hat in den vergangenen Jahrzehnten stellenweise fast amerikanische Züge angenommen. Die Foto unten legt davon Zeugnis ab: Vorrang dem motorisierten Verkehr.

Oben sehen wir die Murtenstrasse um die Jahrhundertwende, damals noch eine von Bäumen gesäumte Naturfahrbahn — staubig bei Trockenheit, schlammig nach Regengüssen. Die beiden Häuser hatten später dem 1934 eröffneten Güterbahnhof zu weichen.

Verkehrsplaner haben sich intensiv mit den Folgen der Motoriserungswelle auseinandergesetzt. In dem 1987 veröffentlichten Bericht «Bern gestern, heute, morgen» der Bernischen Gesellschaft zur Pflege des Stadt- und Landschaftsbildes (GSL) steht zu lesen: «Nachdem die Städte über Jahrhunderte organisch gewachsen waren, brachte vor allem die erhöhte Reisegeschwindigkeit durch das Auto, zusammen mit allen Umschichtungen im sozialen Gefüge, einen Wandel mit sich, bei dem heute Ursache und Wirkung noch nicht ganz erfasst werden können: Einmal mehr taucht bei einem so komplexen, vernetzten System wie einer Stadt die Frage auf, was zuerst war, die Stadt oder der Verkehr.»

Steigende Bodenpreise im Stadtzentrum bei abnehmender Lebensqualität (Lärm, Luftverschmutzung, Hektik) treiben die Menschen hinaus ins Grüne — wodurch die Probleme vom Kern in die angrenzenden Wohngebiete verlagert werden. Denn nun belasten die Autopendler diese Quartiere stark; ihr Wohnwert sinkt, die Leute ziehen aus... und im Teufelskreis ist man eine Runde weitergekommen. «Unsere städtebaulichen Probleme», heisst es im GSL-Bericht, «sind aber nicht nur auf den Arbeitsverkehr zurückzuführen, sondern überhaupt auf den Verkehr, den alle unsere Aktivitäten erzeugen. Ist es nicht ironisch, dass gerade diese Mobilität unsere Lebensgrundlage derart bedroht?»

Bümpliz —
ein Bauerndorf wandelt sich zum Vorort

Ein Turnfest mit Umzug aus dem Jahre 1912 zeigt das obere Bild, das dem Buch «Altes Bümpliz» von Paul Loeliger entstammt. Der Heerwurm der Muskelmänner windet sich durch das damalige Bauerndorf Bümpliz im Westen der Stadt Bern und passiert soeben die Kreuzung Bümplizstrasse/Brünnenstrasse. Linkerhand ist die alte Schmitte zu sehen, die einem Neubau aus Beton weichen musste.

Als das Turnfest von 1912 stattfand, war Bümpliz noch eine eigenständige Gemeinde. Vor allem in der Nähe zur Stadtgrenze hatten sich in den vergangenen Jahren Arbeiter angesiedelt, so dass sich bereits eine Veränderung der Sozialstruktur abzuzeichnen begann. Die Zeit des Ersten Weltkrieges 1914-1918 war für Bümpliz eine schwere Belastung, und am 1. Januar 1919 vereinigte sich die überschuldete — und noch immer vorwiegend bäuerlich geprägte — Gemeinde mit der grossen Nachbarin. Für Bern bedeutete die Fusion einen beträchtlichen Zuwachs — anfänglich nur an Territorium, nach dem Zweiten Weltkrieg dann auch an Bevölkerung: Hier im Westen entstanden die von Hochhäusern geprägten Satellitensiedlungen wie Tscharnergut, Gäbelbach, Kleefeld und Holenacker.

Noch etwas anderes handelte sich die stolze Zähringerstadt mit dem Erwerb von Bümpliz ein: einen burgundischen Königshof. In der Tat reicht die Bümplizer Geschichte um einiges weiter zurück als jene Berns. Bereits ums Jahr 900, als auf der Aarehalbinsel noch die Bären im Wald herumstreiften, liess König Rudolf II. von Burgund, Gatte der legendären Königin Bertha, in Bümpliz einen Verwaltungssitz einrichten. Dieser Königshof stand wahrscheinlich an der Stelle des alten Schlosses, das übrigens unlängst vollständig renoviert und zum Quartiertreffpunkt umgebaut worden ist.

Urkundlich erwähnt wird Bümpliz erstmals kurz nach der Jahrtausendwende: 1019 als Pimpeningis und 1025 als Pinprizo. Damals dürfte der zur Festung ausgebaute Königshof bereits Mittelpunkt einer Siedlung mit Kirche gewesen sein... während auf der Aarehalbinsel, wo 1191 die Stadt Bern gegründet werden sollte, noch immer die Bären hausten.

Zum Schluss eine Erfrischung
im Weyermannshausbad

Unser Gang durch die Geschichte und Gegenwart Berns neigt sich dem Ende entgegen. Besten Dank für die Begleitung, geschätzte Leserinnen und Leser. Zum Abschluss besuchen wir das Weyermannshausbad im Westen der Stadt, zwischen den Quartieren Holligen und Stöckacker sowie dem Bremgartenwald gelegen. Bis zum 1. Januar 1919 verlief hier die Gemeindegrenze; dann wurde Bümpliz, zu welchem das Stöckackerquartier gehört, eingemeindet. Die beliebte Badeanstalt — sie gewährt, wie die meisten Bäder auf Stadtgebiet, freien Eintritt — liegt auf dem Boden des einstigen Weyermannshausgutes. Zu diesem ausgedehnten Landwirtschaftsbetrieb gehörten auch drei Teiche. Zwei davon wurden schliesslich zugeschüttet, der dritte 1908-1910 zur Badeanstalt ausgebaut. Das obere Bild dürfte aus der Zeit kurz nach der Eröffnung stammen, wie die üppige Hutmode der Damen zeigt. Zu den damaligen Lustbarkeiten gehörte offenbar das Herumgondeln in Ruderbooten. 1957/58 wurde der Naturweiher zu einem modernen Freibad umgestaltet. Jetzt gibt's im Weyermannshausbad nur noch ein einziges Ruderboot, und dieses bleibt Rettungszwecken vorbehalten — sowie dem Einbringen der für eine Desinfektion notwendigen Chemikalien.

Welche Unterschiede fallen unserem inzwischen geschärften Auge sonst noch auf? Da ist einmal auf dem unteren Bild die Autobahn nach Freiburg, welche in Hochlage unmittelbar am Bad vorbeiführt und die Sicht auf die charakteristische Hügelkuppe des Bantigers raubt (oben zu erkennen, damals natürlich noch ohne Fernmeldeturm).

Auffallend ferner, wie so ganz verschieden die abgelichteten Personen sich dem Fotografen gegenüber verhalten. Während um 1910 jede Kamera noch eine kleine Sensation darstellte und die Aufmerksamkeit gebührend auf sich zog — wahrscheinlich hat der Fotograf die Szene auch arrangiert —, nimmt heute niemand mehr davon Notiz, wenn irgendwo ein Verschluss klickt.

Gedruckt vom
SLATKINE VERLAG - Genf
November 1989